いつかやってくるいざという時の世界

# 実戦と武道

興和警備保障 代表取締役
西村政志
空手道禅道会 首席師範
小沢隆

競著！

BAB JAPAN

# 西村政志

興和警備保障株式会社 代表取締役
若年期の〝ストリート・ファイト〟から業務としての警護まで、豊富な実戦経験は〝2000戦無敗〟を数える。

# 小沢 隆

空手道禅道会 首席師範
早くから打・投・極すべて行う空手を提唱し、禅道会を発足。プロ格闘技に多くの名選手を輩出する他、護身としての〝本当に通用する〟技術・理論に定評のある、名うての〝実戦派〟。

# 目次

第1部　実戦譚から知る〝負けない〟術（西村政志）――9

第1章　何が必要か？――10

1　何もしていないのに勝てた⁉――11
2　柔道VS剣道　中学での異種格闘戦――12
3　16歳、日本刀と対峙す――13
4　日本刀対策――15
5　2度目の日本刀襲撃事件――22
6　大柄なヤクザを相手にすてごろ勝負――24
7　極意その1　〝構えない〟――26
8　極意その2　〝相手に反応させないフェイント〟――29

第2章　覚悟――32
1　プロのキックボクサーを目指す――32
2　綜合警備保障へ転職。そこで体験した恐怖の出来事――35
3　半グレ相手の揉め事を解決した話――42
4　ちょっと笑えるトラブル――43
5　興和警備保障の四代目の社長になる――45
6　〝選挙ゴロ〟事件――46
7　ヤクザの車の襲撃事件――48
8　200人相手と対峙したD建設事件――50
9　人を守る、命を守るという大義名分があった上での戦いは必要――53
10　喧嘩で怯む事はあった。しかし、逃げたら生涯の後悔になる！――55
11　引くに引けない時でも立ち向かう！　人生に逃げ癖はつけたくない――56

第3章　読みと想定――64
1　土地がらみの問題でヤクザと一触即発――64
2　お巡りさん事件――67
3　機先を制して決着をつけた2つの事件――68

4 殴った相手はここまで吹っ飛ぶものかを体感した〝3メートル〟事件——70
5 ストーカー事件——75
6 予知・予測と観察眼——76
7 **喧嘩の鉄則その1** 相手を読む事、不安感を瞬時に切り替える事——81
8 **喧嘩の鉄則その2** 自分の間合いで闘う事、周囲の状況判断をする事——83
9 〝想定外〟をなくしていく——85

# 第2部 〝実戦〟を見やる武道理法（小沢 隆）——91

## 第4章 武道は何を作るものなのか——92

1 私を〝生かしてくれているもの〟——92
2 〝よい姿勢〟の本質——94
3 〝実戦〟のパンチ——96
4 護身と格闘技——104

第5章　実戦に通用する心身鍛錬――108
1　人間強化の核心は呼吸法にあり――108
2　ストレスの緩和――110
3　護身に必要なものは、自分の内部環境への認知を深める事――116
4　〝日常〟のトレーニング――124
5　寝る、座る、立つ状態での呼吸法と高覚醒、低覚醒を見極める――127
6　護身と幸福感――129
7　相手に反応させないための意識と行動――131
8　護身でマインドフルネスを――134
9　洞察能力が身を守る――136

## 第3部

対談　実戦で本当に必要なもの——141
（西村政志×小沢 隆）

1　実戦は〝無構え〟——142
2　実戦で使える技術・必要な技術——148
3　〝先手必勝〟か？　〝後の先〟か？——153
4　小さな動き、大きな威力——155

第1部

# 実戦譚から知る"負けない"術

西村政志

第1章　何が必要か？
第2章　覚悟
第3章　想定

# 第1章 何が必要か？

やはり、戦うとなったら勝ちたい、強いか弱いかで言ったら強くなりたい、というのが。本書を手にとって下さった方の大半が共通に抱く気持ちなのではないかと思います。

幸い私は、これまでさまざまな形の戦いを重ね、〝無敗〟で来れています。しかし、自分の事を〝最強〟などとはとても思えません。体格的に恵まれていたからでも、あるいは卓越した運動神経があったから勝ち続けられたのでもありません。才能に恵まれていた訳ではない、そういう確信があります。これは世の中のほとんどの方がそうでしょう。同じです。とても自分は強いなどと、安心する気にはなれないのです。むしろ逆で、私は昔から人一倍警戒心が強い。〝無敗〟でこれた理由があるとすれば、こちらにあると思っています。

私の話は〝スーパーマンの伝記〟のようなものではありません。だからこそ、さまざまな武道、格闘技を志す方にも、強さに憧れる方にも〝実戦〟に直面せねばならない時に何が必要なのかを真剣に模索するあらゆる方々にも参考になるものと思い、お話しする次第です。

## 1　何にもしていないのに勝てた⁉

人間って、やっぱりやられるのは嫌でしょう。負けてもいいっていう人間は少ないような気がします。

実際の喧嘩で最初の記憶に残っているのは小学校六年の時です。昔はどの学校にも喧嘩が強い番長というのがいました。私が通っている学校にもそういうのがいて、背が高くて強い奴でした。

そいつと朝礼の時にちょっとしたトラブルから喧嘩になりました。いきなり殴りかかってきたから、私は相手の襟首を取って校舎の壁に押しつけたんです。当時、柔道を始めて半年ぐらいでしたから、とにかくつかまえて何とかしてやろうと。そうしたら上からバッカバカに殴られて、腹を蹴られました。それでも私は襟首つかまえたまま、「このやろーっ！」って、力任せに押さえつけていたんです。技も何もあったもんじゃない。ただ、押さえつけるだけ。そしたら何と、殴りかかっているそいつがワンワン泣きだしたんです。私は一発も殴ってないのに。それを見た先生が駆けつけてきて、「Mくん、泣いているじゃないの！」と怒られました。殴られ、蹴られたのは私の方なのに。

以来、そのことが学校でも噂になって、一目も二目も置かれるようになったんです。で、「弱いより強い方がいいな」って少なからず感じるようになりました。そのあたりから負けん気というか、やられたくないっていう気持ちが人一倍、強くなってきたのかもしれません。

## 2 柔道VS剣道　中学での異種格闘戦

その後、中学に進学してまず体操部に入りました。そして二年生になった時に柔道部が創設されました。まずは人を集めようと。そうしたら、98名ぐらい部員が集まったから、「オープントーナメントをやって、勝利したのをキャプテンにしよう」という事になったんです。私が通っていた雄新中学（愛媛の松山）は結構大きくて、全校３３００名ぐらいの生徒がいましたが、さらに他校からも多くの柔道部員が集まりました。その中に石井中学（現在、浮穴中と統合し、松山市立南中学校へ）のキャプテンで棟田利幸という男がいたんです。劇画『空手バカ一代』に登場した雲井代吾のモデルになった人です。中学生にして身長170センチ、体重100キロ以上もありました。そんな強豪たちが集まるトーナメントだったけれど、私は二年生だったにもかかわらず、三年生を抑えてそこで優勝しました。

その時に黒帯を取りました。中学ではみんながそれぞれの部活に入りますけど、その中の一人で剣道部のキャプテンがやっている男がいて、そいつと「剣道と柔道、戦ったらどっちが強い？」という事になったんです。そこで、彼は竹刀を持って私は柔道着を着て、畑の中で果たし合いをやる事になりました。果たし合いといっても、相手は木刀じゃなくて竹刀。だから、打ち込んでくるのを手で受けて投げ飛ばしました。でも、投げても、投げても、そいつ、起き上ってくるんです。それで両方とも疲れてしまって、お互いが握手して、仲良くなりました。

## 3　16歳、日本刀と対峙す

柔道のトーナメントで優勝し、竹刀を持つ剣道部のキャプテンにも互角の勝負をして、この頃から少し腕に覚えが出始めてしまっていたかもしれません。そんな矢先、鼻っ柱を折られんばかりの恐怖の事件が起こりました。

あれは忘れもしない、16歳になった時のことでした。友だちと2人で銭湯に行き、風呂から上がって、鏡を見ながらボクシングのシャドーみたいな事をしていたんです。中学生にしてはいい身体をしていたから、自惚れで鏡を見ていたんです。そうしたら、こっちをにらみつけている男がいました。私もそれなりに腕に覚えがあるから、「なに見とるんじゃ、こら！」と四国弁で怒鳴りつけて、「やるんか」と突き飛ばしました。そしたら、向こうがビビって帰ってしまったんです。

友だちと「なんだ、あれ、たいしたことないな」って話しながら外に出たら、その男が待ち構えていて何と、白鞘《しらさや》の日本刀を持っていたんです。

男はその刀をバーッと抜きました。それで、これはいかん！と風呂桶から何から反射的に投げつけて、走って逃げました。そうしたら、後ろから「おどりゃー、待てー！」という声が追ってきます。後で聞いたら、そいつは20歳ぐらいの質屋の息子。質屋にはいっぱいそんな物騒なモノがあったんです。

とにかく、その時は恐怖で走って逃げました。2キロぐらいは走ったと思います。それはもう、下駄から何もかも投げ捨てて必死に逃げました。最後に息が切れて「ああ、殺される」と思いました。でも、向こうは追ってこなかったんです。

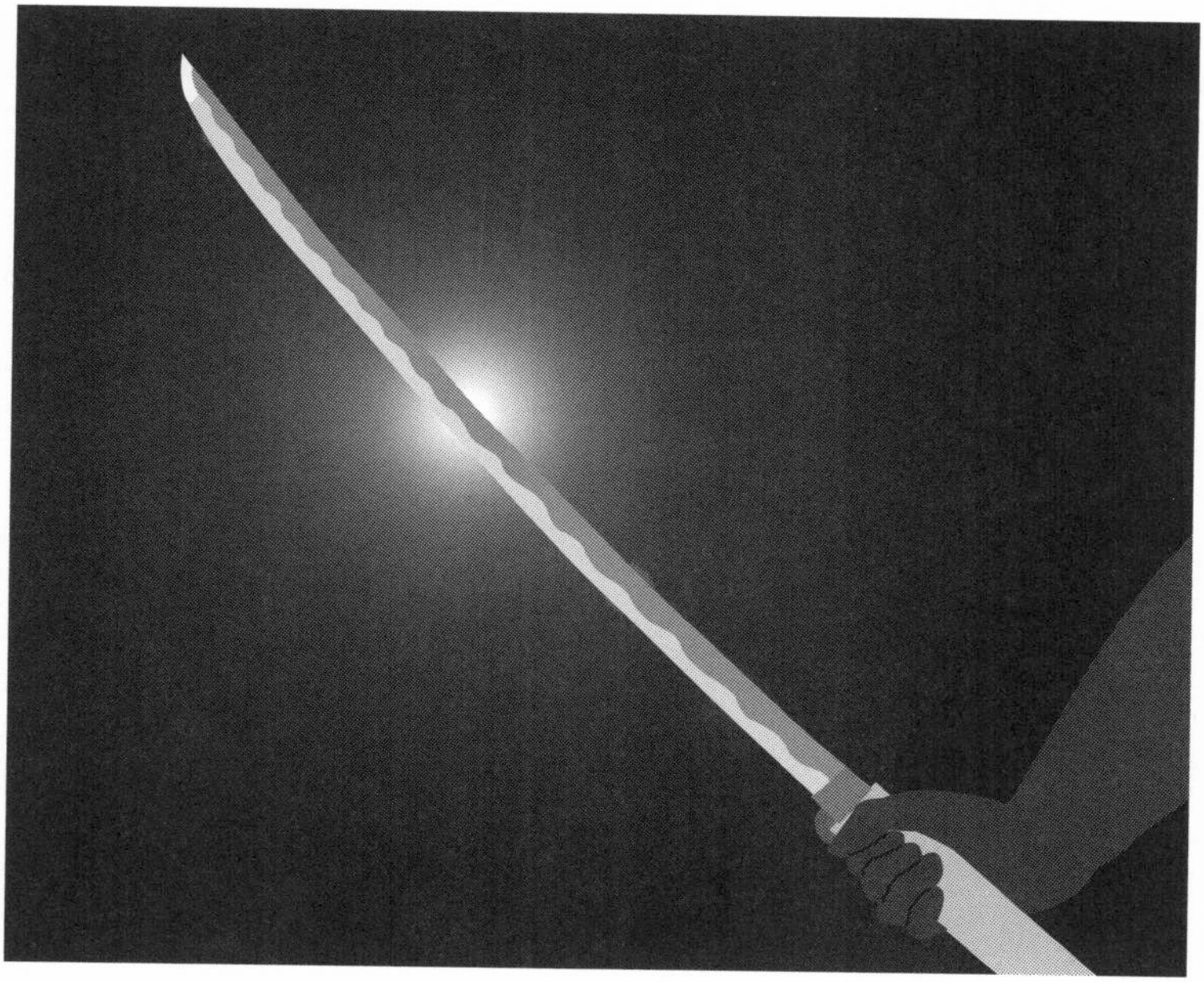

よく考えたら、相手は重たい日本刀を持ってる訳ですから、そんなものを持って追いつきっこない。でも、後ろから追われる恐怖感は初めての体験でした。

## 4 日本刀対策

それ以来、柔道だけじゃ組まないといけないから、凶器を持っているような奴には対応できないなと思うようになりました。そこで始めたのが空手です。少し離れたところに上地流四段の空手の先生がいて、その先生も強いと評判の人でした。そこに習いに行ったんですけど、日本刀で追われた体験をしているから、習いながらも「空手（素手）だけじゃ、刀を持った相手には対処できない」と思うようにもなっていたんです。

そこで思い至ったのが手裏剣でした。工事現場で鉄筋を拾ってきて、やすりでそれを削って手裏剣にしました。山に行っては木に投げて突き刺す練習をしました。

いろいろな距離で刺せるように練習しました。手裏剣は必ずいくばくか回転させなければならないので、的のところでちょうど剣先が向くように投げなければなりません。その調節は、手元の微妙な操作でできるようになりました。

今、実戦武器として手裏剣を考える人はおそらく少ないでしょう。でも、対日本刀という状況を考えると、これは非常に有効な武器である事は間違いないんです。

武道や格闘技を練習されているならば、その練習されている事を「護身」のためのものとしても考えている方は少なくないと思います。街中で突然襲われる、などの時に身を護るためのものです。ならば当然、相手が刃物を持っているケースは考えない訳にはいきません。

起こり得るケースをできる限り幅広く考えておく事は、実戦に対応するために大事な事だと思います。考えれば、必要なものがいろいろある事に気づけます。

かつての武士の時代には、「武芸十八般」などと呼んで、さまざまな種類の武術を心得ておく事がよしとされていました。「武芸十八般」の〝18〟には、手裏剣術も含まれていました。今の感覚では18もの心得があるなんて〝スーパー武士〟なように感じてしまうかもしれませんが、むしろこれは、必要な事だったのではないでしょうか？

昔、総合格闘技というものが今ほど確立していない頃に、空手家の佐竹雅昭選手と柔道の吉田秀彦選手が戦いました。佐竹選手は腰が引けてしまっていた。吉田選手にしてみれば。「つかまえたらこっちのもん！」という自信があり、佐竹選手は「つかまれたらまずい」という気持ちがあるので腰が引けて突きや蹴りを繰り出していた。それで一瞬の隙をついて締められてしまいました。佐竹選手がもっと余裕を持って思いっきり戦えていたら、違う展開になっていたと思うんです。

実戦では、組んでもOK、打撃でもOK、グラウンドでもOK、何らかの武器をもってきてもOK、という気持ちの余裕は大切です。「○○されたらまずい」という不安を抱えては戦えません。また、相手が複数となると組み技・投げ技だけで対処するのは難しい。映画で観た姿三四郎は一人で、柔道だけで強かったけれども現実は違います。いろいろ用意しておかねばならないのは大変だなあと考えるよりも、実戦に対しては、それは必要なものと 考えるべきなように思います。

# 対日本刀　実戦手裏剣技法

日本刀を持った相手でも、手裏剣なら対抗し得る。3メートルほどの距離から「ドライバー」を打ち込む。いわゆる手裏剣術は距離の調整が難しいが、どんな間合いでも、また、身近にあるどんなものでも刺せるのが実戦技術。

## 〝箸〟を手裏剣化

普通の木製塗り箸を板に打ち込む。ただ投げてぶつけるだけでは威力のないようなものも、手裏剣として刺さるように打込めば相手の動きを止めるに十分な武器となる。

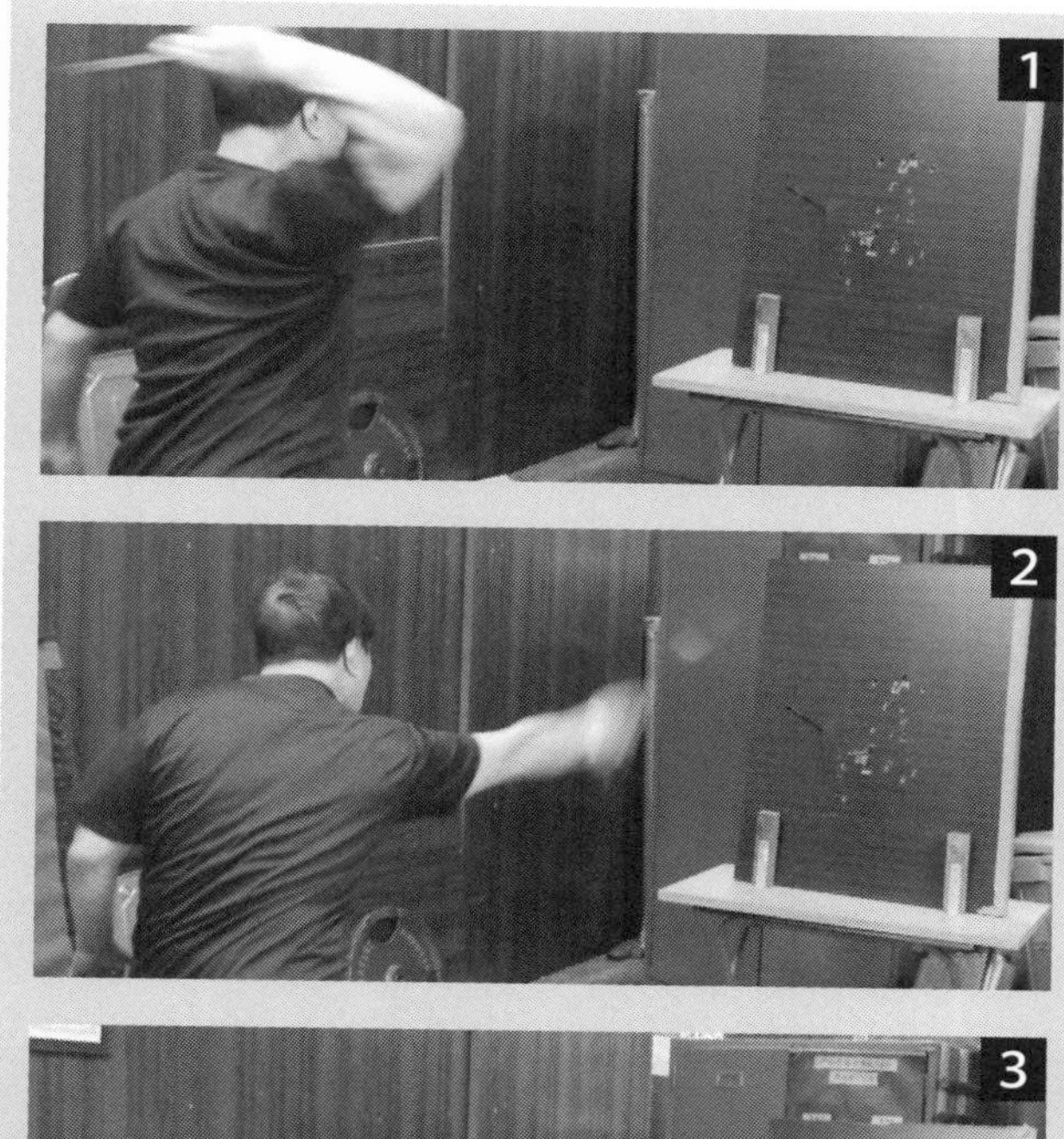

## 〝警棒〟を手裏剣化

警棒を手裏剣化させ、粘土製の的に打ち込む。

かなりの重さのある警棒の運動力を先端に集中させる事によって、大きな威力を生み出す。

1

2

3

4

5

この警棒の例では柄側を持って投げているが、18ページのドライバーは先端側、19ページの箸の場合は柄側を持った状態から投げており、回転数が違う。決まった大きさ、重心、決まった距離でしか刺せないのでは、実戦に対応できない。

20～21ページの警棒の例：柄側を持つ

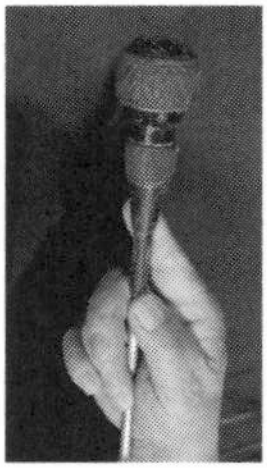

18ページのドライバーの例：先端側を持つ

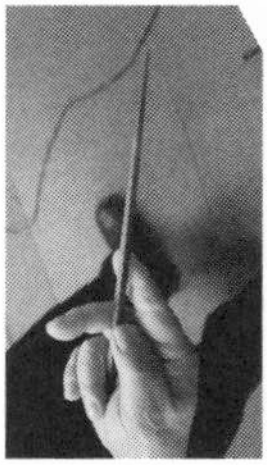

19ページの箸の例：柄側を持つ

6

7

8

9

10

## 5　2度目の日本刀襲撃事件

2度目に日本刀を持つ相手と戦う機会が22歳の時にやってきました。

地元・愛媛に帰った際、繁華街で私と先輩の2人で歩いていて、ちょっとした事から、先輩が1人の男と言い争いになりました。相手を脅すために「この男（私のこと）は強いぞ」と言ったんだけれど、相手は全然、ビビっていません。目が据わっていました。

「なんか、こいつ余裕あるな」と思っていたら、その男が車のトランクから日本刀を出したんです。「これか…」と合点がいきました。ただ、その時は最初に日本刀と向き合った時と比べると、それなりの予備知識がありました。ありはしたものの、その男、いきなり斬りつけてきたんです。

そのスピードたるや、ドラマみたいな甘いもんじゃない。「こんなのに斬られたら、命に関わる」と思いました。でも、その当時はすでに柔道も空手もキック・ボクシングもやっていたから、目で見て対処するというより、感覚で反応することができました。日本刀を振ってきたのを咄嗟に避けることができたんです。

それでも途中、スッと身体に日本刀がかすりました。そこで打撃で返せたらかっこいいんだろうけど、そんな余裕なんかありません。

怖いから、日本刀を振ってきた相手の手を抑えて柔道の内掛けみたいなのをかけて、一緒に倒れたんです。倒れた相手が頭をコンクリで打って朦朧となったから、その頭をつかまえてコンクリにガンガン叩きつけて、倒すことができました。そこからを逃げ出すように先輩とアパートに帰って服を脱いで見たら、かすっただけなのに身体の一か所が切れていました。日本刀の斬れ味って本当に凄いものだなと…。下手したら殺されてもおかしくないと思いました。

怖さはあったけど、恐怖感は無かったから、瞬間的にかわせたんだと思います。

キック・ボクシングでも空手でもそうですけど、かわすということが体感で身についているんです。それが精神的な余裕に繋がったというか、日頃の稽古の成果がそんな場面でも発揮できたんだと思います。

格闘技や武道が実際の戦いの場面で使えるかどうかは、難しいところではあります。それでも、そういう体験を通して、「稽古してきたことは活かせる」という事は言えると思っています。

２回目の日本刀事件の時はそれなりに冷静でした。相手の眼が据わっていて、眼の色が違うというか、「こいつ、おかしいな」と思った訳です。こっちは２対１だというのに、なおかつ一緒にいる先輩が私のことを「この男は強い」と言っているのに相手は平然としている。という事は、その余裕の裏に何かあるなと、そういう予測性が自分の中に働いたんです。要するに〝後の先〟です。

警備というのはそういう予測性がないとまずいんです。何もないだろうというのが危ない。でも、何かある！という気持ちがあるから、危険回避につながる訳です。だから、そういう心構えが大切だと思います。

少年時代の喧嘩の頃から始まって、そして警備の仕事を通して「相手が何を考えているか、何を仕掛けてくるか、強いかどうか」を考え、読めるようになったんです。

## 6 大柄なヤクザを相手にすてごろ勝負

パワートレーニングの成果は喧嘩の場面でも活かされました。ある日、彼女と共に某駅前のパチンコ屋に行った時のことですが、隣に大柄なヤクザが座ってきた際、私の肩が少し相手に触れたんです。すぐに仕掛けてきました。立ち上がってみれば、圧倒的な体格差です。その男は私に向かって、「ちょっとこい、こら～！」とドスの効いた声で絡んできて、パチンコ屋の駐車場まで連れて行かれました。

相手は共にいた若い衆の手前もあるから、何が何でもこちらに謝らせたかったんだと思います。それでも私は動じませんでした。そうしたら、「ちょっと、車に乗れ」と言って、近くの公園まで連れて行かれたんです。

即座に相手は戦闘態勢になったんですけど、ちょうどその時、私の目の端に子どもが遊んでいるのが見えたんです。それで「俺たち、喧嘩始めたら、警察に通報されるかもしれないね」って、チラッと視線外した途端にガーーン！と二発きました。

いつもは先制攻撃を仕掛けるのはこの私なのに、それを先にやられた。すぐさま、顔面をガードしたら、当たった個所が「痛い」と感じたんですね。本当にダメージを負った時は痛くないもんなんです。私は即座に左フックをレバーに入れて、とどめの右ストレートで顎を殴ろうとしました。ところが、最初のボディブローが効いて相手が下がったんで、テンプルに当たった。顎なら一発で倒せたんですけどね。それでグラグラッとなりながらもタックルをかけてきたから、クルッと後ろに廻ってグラウンドに持ち込んで首を締めたんです。そのまま締め上げてやったら、相手が苦し紛れに「立ってこい」と言う。そのくせ、離したら、もう動けない。

「おまえ、強いな～、プロレスやっているのか?」って（笑）。

起き上ったヤクザは「今日は引き分けにしよう」と言ってきました。「こちらが勝ってるんだけどなー」とは思いましたけど。

その後、相手の車に乗せてもらって、パチンコ屋に戻りました。そして男は私の彼女に「いや～、おまえの彼は強いな」と潔く称賛していました。

## 7 極意その1 〝構えない〟

まず、気持ちで構えない、目で構えない、身体で構えない、それが大事です。自然体で「やるぞ！」という気配を見せないのが得策です。気持ちでも目つきでも、そんな感じになった時点で、すぐに相手に伝わるから警戒されます。ましてや、身体で構えるなんてもってのほか。要は殺気を消すんです。それで「喧嘩なんかやめて、仲良くしましょう」という雰囲気でやれば、相手は油断して警戒心を解くから、そこからが勝負。その方が虚をつけるからやりやすいんです。

以前、ある大学の空手部のキャプテンとやった時もそうでした。みんなで食事をしてW通りに出たら、パチンコ屋の前で3対1で喧嘩しているのがいたんです。多勢に無勢なのに、その1人の方が背が高くて、強かった。で、1人やられちゃって、後の2人が「やめてください！」って止めていました。そこへぼくが駆けつけて「やめろ！」と言って向かい合ったその瞬間、強い方の足がスッと動いたんです。それで「こいつ、空手やっているな」と分かりました。

間合いも近かったから、その瞬間にスパーン！とパンチで顎を打ち抜いたんです。サービスでボディも蹴ってやった（笑）。そうしたら、今までやめてくれと言っていた2人が倒れた男を蹴り始めたんです。「やめろ！」って止めたんですけど。

この時は相手が構えた瞬間に空手というのが分かりました。そんな風に空手にしても柔道にしても、何らかの武道や格闘技をやっている人は今までの経験で、構えである程度、読めるんです。構えることそのものが相手に知らせることになる。ルールがある試合ではないから、実戦の場合は構えない方がいいんです。気持ちや目でこのやろう、やってやる！になると、もうそれ自体が構えになっているんですね。だから、気持ちも目つきも身体も無構えでやる。

うちの隊員に試したことがあるやり方ですが、「右を打つ！」と考えながら、その瞬間に切り替えて左を打ってみたんです。彼は「今、てっきり右がくると思っていた！」と驚いていました。考えるだけで、相手に伝わるものなんです。だから、気持ちも実際の攻撃とは違う状態にする。相手に知らせず、分からせない。これで初めて、フェイントが活きる。反射制御させないのも私の攻撃法の一つです。

## 〝無構え〟からのノーモーション・パンチ

身体で構えないのはもちろんの事、目でも気持ちでも構えず、殺気も意志もまったく表出されていない状態で対峙する。その状態から、いきなり繰り出される攻撃には、相手は反応できない。

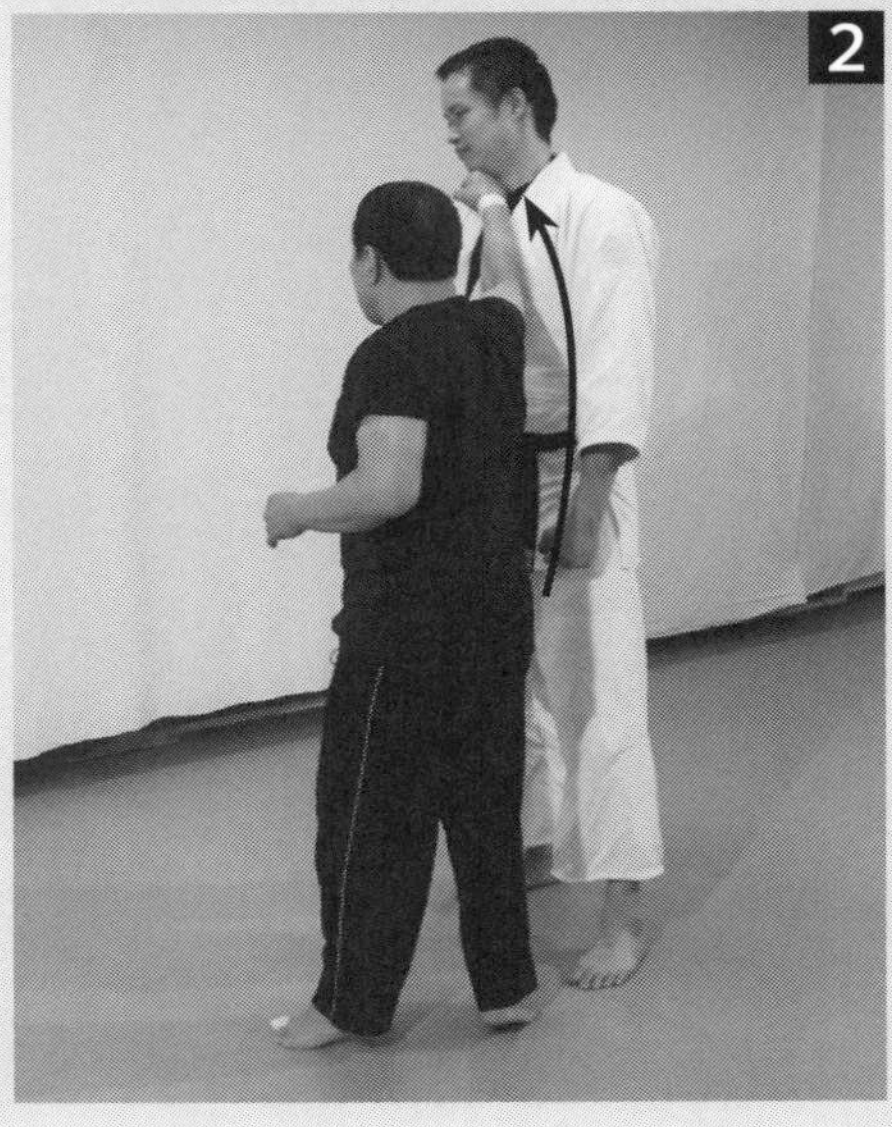

## 8 極意その2 “相手に反応させないフェイント”

以前、あるトラックターミナルの警備に派遣された時の事です。そこは全国のトラックの運転手が寝泊まりする施設でしたが、とにかくガラの悪い人間が多かった。治安も悪く、他の警備会社が派遣されても収める事ができませんでした。

「それなら、俺たちでやってやろう！」と、私と仲の良かったK氏とT氏（2人とも私に負けず劣らずの喧嘩のプロ）と3人で現場に入りました。

ある日の夜、ガードマン詰所に沖縄空手のチャンピオンだったという男がやって来ました。手にはヌンチャクまで携えて、「俺と勝負できるガードマンはいるか？」と挑戦してきたんです。

はじめはK氏が戦いました。K氏はキック・ボクシングをやっている男で、後に中量級の新人王にまでなった実力者でしたけど、当時はまだ習い始めて間もない頃でした。

相手は空手家のくせに素手ではなく、ヌンチャクを振りまわして攻撃してきました。K氏は叩きつけてくるヌンチャクを肩の柔らかい部分で受けて、取りあげたんです。それで、K氏がハイ・ミドル・ローキックとバンバン蹴っていくんですけど、相手が全部、その蹴りを捌くかブロックしてしまう。見ていて、「さすがにやるな」と思ったから、K氏を下がらせて私が相手をする事にしました。

向こうはK氏との一戦で、私の事も蹴り主体の攻撃で来ると予想したんでしょう。そこで、対峙した時にわざと前蹴りの姿勢で構えたんです。構えた瞬間に「蹴りでいくぞ」と見せかけてワンツーを打ったら、最初の左のストレートが顎に決まって、一発KOになりました。失神したその空手使いを3人で詰所に運んで行きました。

先に話した無構えとは別の攻撃法ですが、相手の動きを読んでその時々に応じた攻撃パターンもよく使いました。

あるキック・ボクシングのチャンピオンと食事をしていた時のこと。そこにガラの悪い3人組が絡んできました。喧嘩慣れしていなかったチャンピオンが戸惑っているのがわかりました。私が3人組に「どうかしましたか?」と声をかけたら、「イチャモンつけやがって」とくってかかってきました。

3人の中で一番、強そうな奴と向かい合ったから、その瞬間に履いていた下駄を振り上げて殴りかかるふりをしたんです。すると、相手の目線が「これで殴ってくるか」と下駄にいきます。

そこへ腹に前蹴りを放って、一撃で倒しました。こんなフェイントも実戦では大事です。

その時は一番強い奴がやられているのを見た残りの2人が逃げ出しました。こういう連中は徹底的に痛い目に遭わせてやろうと思ったんで、追いかけて行って1人はやっつけたんですけど、残りの1人には逃げられてしまいました。


フェイントを体だけのテクニックと考えると巧拙、かかるかからないが出てきますが、本当はもっともっといろいろな要素をはらんだものです。相手の意表をつく、という事はどんな形であれ、戦いの本質の一つだと思います。

その場における、そのいろいろな要素を読み取れるかどうかが鍵になってきます。

# 第2章 覚悟

## 1 プロのキックボクサーを目指す

私は19歳の時にコックになろうと修行のために東京へ出ました。そんなある日、テレビで放映されていたのがキック・ボクシングの沢村忠選手の試合でした。当時空手をやっていたので、これには興味を惹かれました。とにかく強くなりたいと思っていたので、意を決して当時、キック界の名門と言われる目黒ジムに入会しました。

そこには多くの練習生がいて、それはもう全国から様々な武道経験者が集まっていたんです。「我こそは！」という、空手や柔道、拳法をやってきたツワモノぞろい。そんなある日、コーチに「西

村、スパーリングやるか」と言われたので、「ああ、いいですよ」と軽く答えたんです。当時は自信があったから、「誰でも来い！」ぐらいの勢いで。そこで3回戦のグリーンボーイとやったんです。本当はもっと強い奴とやりたかったんだけど、実際に対戦したら、想像以上に強くて天狗の鼻をへし折られました。とにかくローキックが速かった。

私らがやっていた空手では中足を返して蹴る回し蹴りはあったけど、ローキックはありませんでした。それでローキックで蹴られまくるわ、足をやられるからガードは下がるわ、下がったら顔面をパンチで打たれまくる。本当に滅多打ちにやられて、「よし、ここまで強い格闘技なら真剣にやって俺も強くなろう」と思った訳です。

それからの半年間、必死に練習に通いました。

そんなある日、トレーナーから「ライト級で試合をやってみるか」と声をかけられました。当時のキック・ボクシングはパンチや蹴り、肘打ち以外に投げ、頭突きもありという過激なルールでした。でも自分には逆にそれが良かったんです。

私は頭突きも投げも得意だったんです。だから意外とやりやすくて、デビュー戦も2試合目も勝ちました。3戦目で松山の体育館で試合があって、ランキング9位の人と当たったんです。今では考えられないけど、3試合目でいきなり、ランカーですよ。「これは勝てないだろうな」と思ったけど「まぁ、いいや」と開き直って。そしたら、そこでも勝つことができたんです。

キック・ボクシング人気が沸騰していた時代でキー局のテレビでも週に1回、放映されていたくらいでしたから、当然のごとく選手層も厚く、全国から猛者が集まっていました。その中でも野口ジムはキック界でも有名だったから、練習生も選手もレベルも高かったんです。そんな中で毎日のごとく練習に励んだからこそ、実力的にも精神的にも強くなれた。そんな環境でもまれていたからこそ、日本刀を持った相手に対する余裕も持てたと思うんです。

でも、ルールある試合とそうではない路上の戦いでは違います。路上の戦いでは、相手が何をしてくるか分かりません。どんな攻撃をしてくるかも分からない。そういう意味での精神的なプレッシャーはルールがある試合とは別です。ただ、私らの頃はフリーノックダウン制で何回倒されても、ストップされませんでした。だから、何度倒されようが、立ち上がって最後にこちらが倒しさえすればこちらの勝ち。そういう意味で実戦に近いものがあったと思います。

プロのキック・ボクサーとして20戦以上、リングに立ちました。当時は試合数も多く、月に10回ぐらい興行が開催されていたから、リングに上がる機会も多かったんです。

マッチメークも杜撰で、コンディションも何も関係なく「来週、試合しろ」と言われてやらされていました。今のように何ヶ月も前からカードが組まれて、それに向けて練習するのではなく、いきなり、「今度、やれ！」だったんです。

今なら、そんな無茶な！という話ですが、その頃はそれが当たり前の世界だったから、「やります！」とリングに上がっていました。場馴れというか、度胸みたいなものはそういうシーンで自然に培われたかもしれません。

## 2 綜合警備保障へ転職。そこで体験した恐怖の出来事

前項で申したように、当初はコックの修行をして身を立てようと思っていたんですが、途中から警備会社に転職しました。きっかけはKという拓殖大学空手部ＯＢと、やはり空手と柔道をや

っていたIという2人の知り合いからの誘いでした。

昔の警備会社はどんな仕事も受けていたんです。駐車場で車上荒らしなんかをつかまえるなんて話を聞かされたり、そんな仕事の内容を聞かされて、「かっこいいなぁ」と。コックの仕事よりこっちの方が自分には向いていると思った訳です。

むろん、全てがそんな危ない仕事ばかりではありません。百貨店をはじめとする警備も多かったんですが、荒っぽい場面が想定される警備は「おまえは度胸も腕もあるから」と、その大半を任されました。また、自分としてもあえて危険な仕事を引き受けることで、競技格闘技とは異質の緊張感に耐えうる精神力を身につけようとしたところはありました。

一番恐怖を感じたのは作詞家のNさんのボディガードをやった時でした。先生はお兄さんの会社の保証人で借金を抱えていたから、Nさんの拇印とサインさえとれば、法的に著作権から中野にある8000万ぐらいの自宅まで全部、自動的におさえられてしまう。それをあっちこっちのヤバい連中が嗅ぎつけて何とかしようとしているから、警備会社から「お前、Nさんのボディガードに行け」と言われたわけです。

仕事内容は3人で行って、2人が自宅で護衛して1人がマンツーマンで護衛する。行くまでは詳しい内容を聞かされてなかったんです。よくよく聞いたら、関東のヤクザがNさんをつかまえて保証人にしようとしているという話でした。「俺、一人でそんな連中から警護するのかよ」と不安になった事を覚えています。それでも覚悟を決めてスーツ着用、ネクタイの後ろに手裏剣を隠し、警棒は常時2本携帯しながらボディガードをすることになりました。24時間体制で「来たら、やるぞ」と心構えをしながらです。

いつ、誰がどんな時に襲って来るか分からない。毎日、緊張感に包まれる中で、Nさんの警護をしていたんです。私もキックの現役でしたから、坊主頭で人相も悪かった。他から見ても、相当に殺気溢れていたと思います。途中、何人か「こいつヤバいな」というのと遭遇する事もあったけど、そんな雰囲気を醸し出していたから、何も起こりませんでした。でも、最初の3日間ぐらいは本当に怖くて眠れなかった事を覚えています。

そんな警護が長期にわたって続きました。人間の緊張感はそんなにいつまでも耐えられるものではありません。途中から「早く事が起きてくれ」と思いました。事件が起きさえすれば、この仕事も終わる。そう思った頃から、次第に肚が据わってきたんです。恐怖を突破するかのような極限状態、そこで得るものは大きかったと思います。

## 順持ち基本操法

親指〜人差し指で軽く握り、当てる瞬間に五指で締める。棒先を丸く肩口まで持って行って、そこからヒットポイントまで真っ直ぐ振り出す。

斜め打ち　横打ち　縦打ち

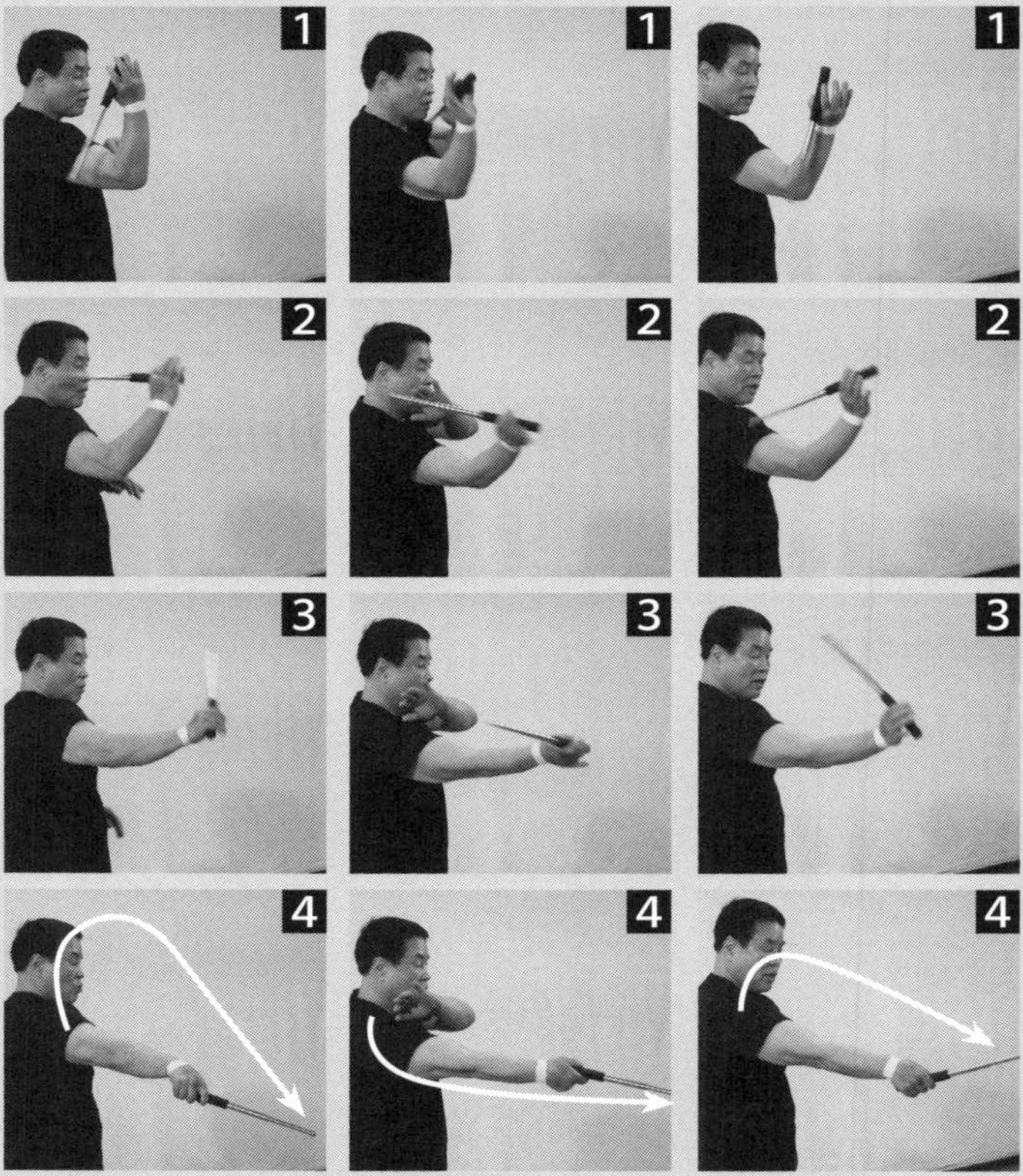


棒状武器は大きく振るほど威力が出るように思ってしまうが、それよりも手首を柔らかくスナップを利かせて、コンパクトに振る方が効く打撃になる。

# 逆持ち基本操法

## 下打ち

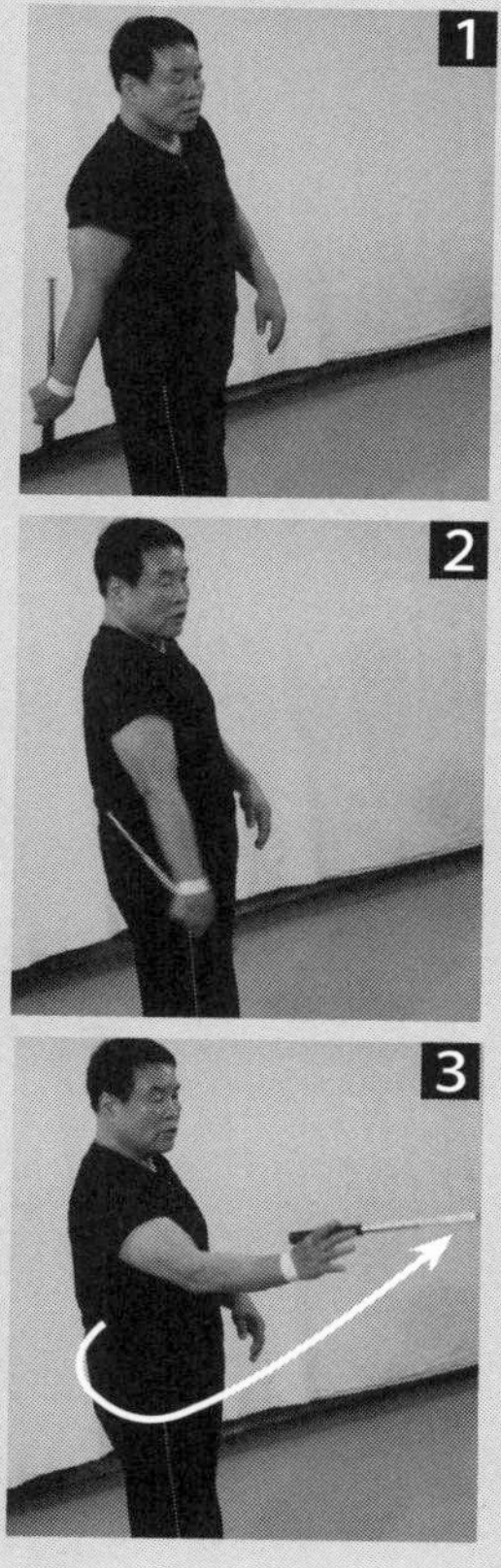

## 8の字打ち

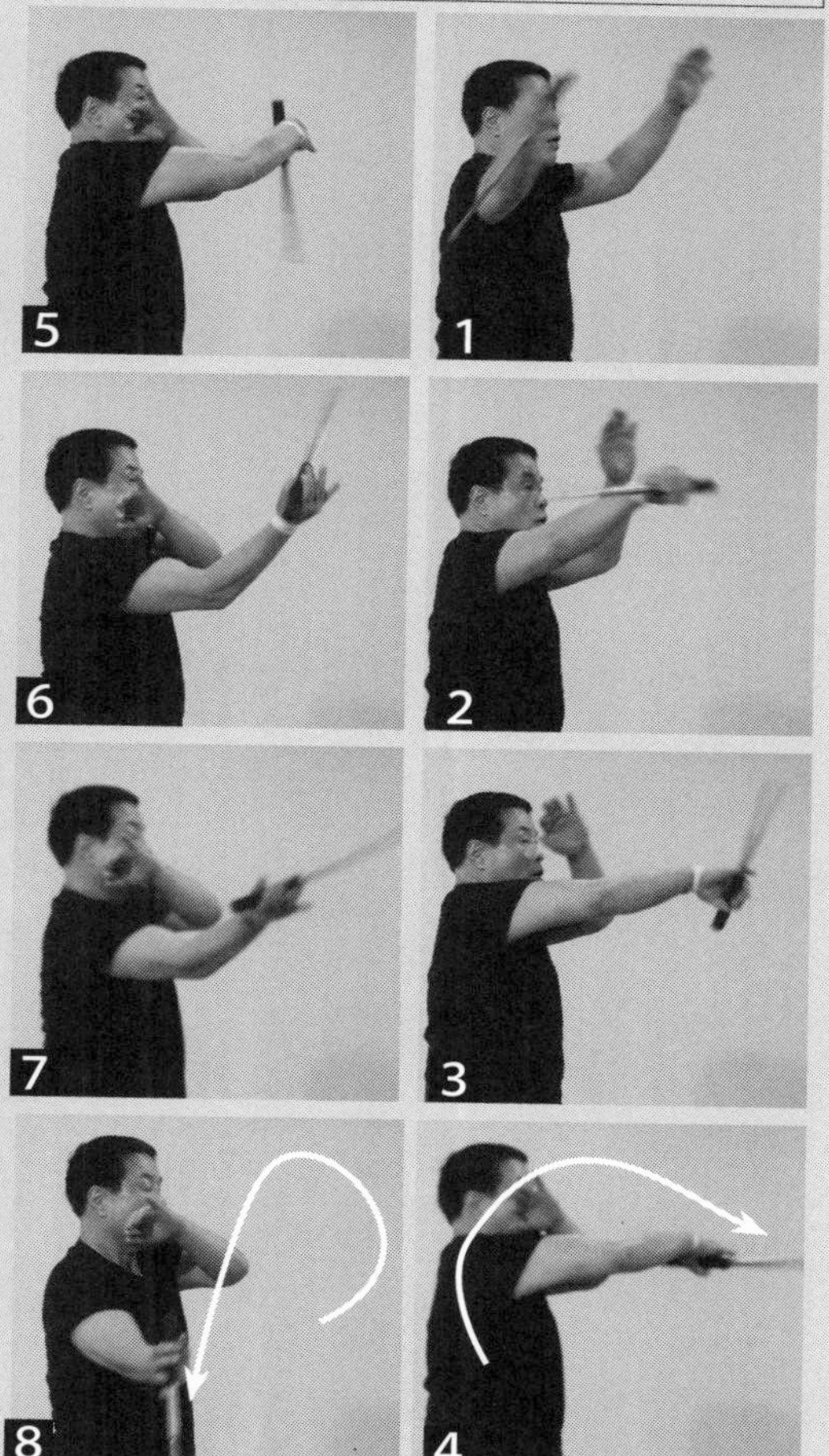

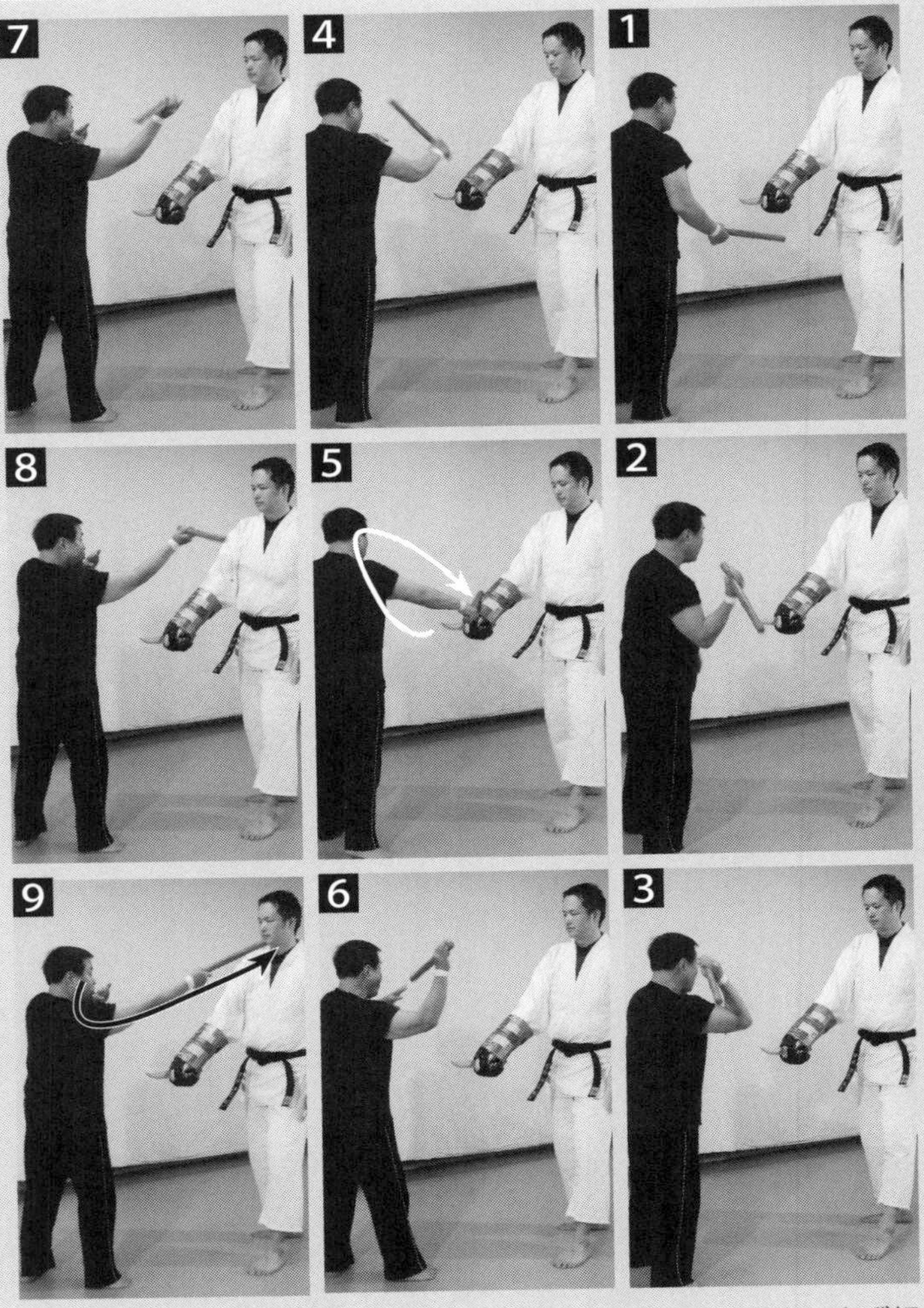


右斜め下方向への振りで相手が持ったナイフを落とし、すかさず相手顎へ横打ち。コンパクトな操法ゆえに、間断なく次の動きに連鎖していく。

## 実戦警棒テクニック（逆持ち）

逆持ちの８の字連続打ちでナイフを持った相手の手をはたき、動きが止まった瞬間、すかさず前蹴りを撃ち込む。警棒以外の攻撃との連携性も重要なポイント。

# 3 半グレ相手の揉め事を解決した話

その後、23歳でその警備会社を退職して、以降の7年間はフリーランスをやっていました。用心棒みたいなものです。

ある時、ホストクラブのナンバーワンかツーぐらいの男から「ウチのが暴走族とトラブって、そいつをクラブの一室に閉じ込めたんだけど、暴れてどうしようもない。ちょっと、来てくれないか」という電話があったんです。

出向いたら、現場は血だらけ。暴走族の連中は2人でホスト（こちらもヤクザ者だった）は5人ぐらいいました。相手はガタイも良くて、今で言う半グレみたいな奴です。「どうした？」と聞いたら、きっかけは車のトラブルで連れてきたんだけど、こいつらが結構、半端じゃなくて度胸もある。ヤクザは揉め事のほとんどが名刺出して、看板出して決着つける勝負だから、実際に身体をガンガン鍛えているわけじゃないんです。

でも、普通の人はそんな名刺出されたら、引きますよね。ところが、実際に力でのし上がってきた奴の方が強いわけです。それで、相手の半グレに包丁出して脅しても、ひびらない。

そこに私が入って、話をつけました。そして、その2人が出ようとした時にヤクザの方が「今度会ったら、ただじゃおかない」と捨て台詞を吐いたんですけど、平然としている。聞かないふりしてドアまで向かったから、私が追って行って2人ともドーン！と突き飛ばしたんです。そこで相手のヘッドの奴の髪の毛つかまえてテーブルに叩きつけて、「俺は遊びに来たんじゃない。貴様、殺されたいか！」と言ったら、初めてビビって萎縮したようでした。

ここで話をつけておかないとダメだと思ったから、座らせて話をして、「後はお互いに何もなかったことにしろ」と言いました。私も当時はガタイが良かったし、パワーもありましたから。

それで決着つけたもんだから、ヤクザから接待受けて、ご馳走してもらって「ありがとうございました！」なんていう事になりました。

## 4　ちょっと笑えるトラブル

知り合いにスナックのママをやっている女性がいたんです。その店に変な奴が客で来ていて、他のお客さんが来ると、無理矢理、奢らせるようなことをするんです。それを繰り返されて迷惑しているから何とかしてほしいと頼まれました。

そのママさんの知り合いに不動産屋の社長もついていて、その人から「今、例の男が来ているから来てほしい」という電話が入ったんです。そこで出向いていったら、周囲に威嚇するような雰囲気を出して座っているゴリラみたいな体格をした男がいました。

ママさんに目を向けて「あれか？」と聞いたら、そうだと言うから近寄って行って「兄貴、自分がご馳走させていただきますよ」と言ったんです。そしたら、「なんだ、この野郎」と言うから、「近くにいいところがある」とスナックから誘い出したんです。

そこで「あまり堅気の方に変な事するんじゃないよ」と言ったら、「なに～！」とかかってきたから、ワンツーで倒しました。あまりにも見事に倒れたので、見ていた不動産屋の社長が「死んじゃったんじゃないですか？」と言うから、「いや、30分ぐらいで起きてくると思うよ」と言ったら、本当に30分ぐらいで立ち上がってきました。

それは一件落着したんだけれど、その付録で面白いエピソードがあるんです。

実はそいつには兄貴分がいて、その兄貴分とやらがその事件の3か月前に別の知り合いの店で暴れたんです。ガタイのいい奴だったけど、こいつも向かい合った瞬時に殴り倒しました。ソファーに倒れてフラフラになったんで「静かにしろ！」と言って外に連れ出して、「これ以上やったら、もうちょっと遊んでやるぞ」と凄んだら、「どちら様ですか」と訊ねてきました。こいつは徹底的に脅しておかないといかんなと思ったから、「看板出していいんか、こら！」と言いました。そうしたら今までの勢いはどこへやらで「いや、結構です」と引き下がりました。

そいつが先のスナックで殴り倒したゴリラみたいな男の兄貴分だったんです。

そうとは知らなかったその兄貴分が「自分の舎弟がやられたのに、ただじゃおかない」と、私を探し出そうとしていたらしい。

そんな笑えるようなエピソードもありました。いずれにしても、人から揉め事・仲裁事の解決を頼まれると、断れない性分でね。本当はやっちゃいけないことなんだけど、好きだったところもあったんでしょうね。

## 5 興和警備保障の四代目の社長になる

その後、フリーランスのまま7年ばかりを過ごしました。

31歳の時に、親しくしていたNという知人から「警備会社を興すのに人が足らないから何とかならないか」と頼まれたのが興和警備を興すきっかけになりました。

当初は今のような要人警護主体の会社ではありませんでした。ただ、要人警護をできる会社も人も少なかった。当時、総親会という組織ができた時に、特殊なボディガード的な仕事ができる会社がほしいという要請がありました。そこで初代の興和警備のN社長と最初にぼくを警備会社に紹介してくれたKさんから「総親会に入れ。そうしたら、綜合警備から優先的に警護の仕事をまわすから」と言われました。

ところが、N社長が半年足らずで心筋梗塞で亡くなったんです。それである程度の母体ができているから、潰すのはもったいないと。そこでNさんの弟さんが二代目をされて、私はもっぱら、人材集めを担当していました。ところが弟さんも体調が芳しくないものだから、古くからの知人に三代目の社長を継いでくれと頼みました。でもその彼もいろいろな事情があったものだから、結果的に私が興和警備四代目の社長になったんです。

その頃、すでにボディガード的な仕事が結構まわってきていたので、それが私にとってのターニングポイントになったんでしょうね。

## 6 〝選挙ゴロ〟事件

私が33歳の頃、埼玉県で選挙があったんです。知り合いにKという警備会社をやっている男からの「選挙ゴロ排除」の依頼でした。〝選挙ゴロ〟というのは、選挙の運動員として企業舎弟みたいな連中がもぐり込んで、選挙が始まる前に何らかのスキャンダルをとらえて金を脅し取ろうとする悪質な連中です。

最初は会社で受けようと思ったけど、下手したらS県のヤクザとぶつかる可能性があったんです。そこでプライベートで受けることにして、警備会社の社員で現役のキックボクサー2人と出向いたんです。

当時、私はサンダーバードっていう大きい外車に乗っていました。それでS県のK市にある料理屋の前に乗りつけて店内に入り込んだら、こちらの殺気を感じた選挙ゴロの連中が立ちあがってきました。こういう時は機先を制するのもケンカの鉄則の一つ。だから、いきなり「どうした、こら〜！」って、向かっていったんです。

あいつら、弱い者に対しては強いけど、自分たちより強そうな人間は雰囲気で分かるんです。その時の私の風体も堅気には見えないもんだから、向こうがびっくりしていきなり逃げ出して、自分のアパートに逃げ込んだんです。それを追いかけて行って、ドアをバーン！と蹴破って中に入ったら、金属バットを持って向かってきました。

その間合が近かったから、ドーン！と体当たりしたんです。それで金属バットを取り上げたら、向こうは3人ぐらいいたんだけど、「すみませーん!」と土下座して謝る訳です。そこで「これ以上は選挙には手は出さないな」と徹底的に念押しをして、引き上げました。でも、私らが駆け付ける前は店の中で警備会社のKと話をしている時に「てめーら、K市全てのヤクザ全部集めて、ただじゃおかねぇ!」と脅迫していたらしいんです。その場に私らが乗り込んだら、その勢いも無くなって、気迫と体当たりだけでビビって終わってしまいました。

## 7 ヤクザの車の襲撃事件

忘年会で都内の某居酒屋で飲んでいたんです。終わって下に降りたら、その店の前の一方通行の道に車が入ってきました。先に降りていたT君が「おい、一方通行じゃねぇか!」と言ったら、その車から出てきたのがヤクザ者。そいつらにT君は囲まれて袋叩きにされたんです。その時、T君以外に私とKちゃんとYさんの3人でいたんだけど、Kちゃんというのは某大学の柔道部員と喧嘩になった際、7人ぐらい叩きのめしたぐらい強い男。私も含めて3人が全員、強い(笑)。

その3人で駆けつけたら、向こうは5人ぐらいでかかってきて、乱闘が始まったんです。だけど、みんな実力あるから、相手を簡単にやっつけてしまいました。私とやった相手はかかってきたところへ肘を入れたんだけど、当たらなかったから相手をつかまえて壁に押さえつけました。その時、安全靴を履いていたから、腹をバーンと蹴った。怯んだ相手が逃げたから、徹底的にやろうと思い、石を拾ってそいつの頭割ってやろうかと思ったんです。

そのヤクザは車に乗って逃げようとしました。でも追いかけていって、車のガラスを全部ぶち割りました。さらに車の運転席に乗った男をつかまえ、Kちゃんはブロックで車を破壊しようとしました。ところがブロックは重いから持ち上げるだけで車を壊そうにもうまくいかない。業を煮やしたKちゃんは車の上に飛び上がって、車をベコベコに凹ませました。

そうしたら、後ろからつかまえて来た男がいました。あっ、後ろにもいたかと振り向いたら、でっかいお巡り（笑）。気づいたら、周りは何十台ものパトカーで囲まれていました。警察というのは、ヤクザ同士がやり合っている時はすぐに入らないんですね。ある程度やらせておいて、それで最後に確保になるんです。これが素人同士なら入るんですけど、こういう場合は止めには入らないんです。

結果、私らも相手のヤクザも警察署に連れて行かれました。私がやった相手はアバラを折っていました。

取調室に入って座らされた時、私はヤクザ側に座らされたんです。「違う、俺はこっちだ」なんて、笑えるようなことがありました。

ヤクザの車をぶっ壊して、5人とも叩きのめしたものだから、その連中が「俺たちは被害者だ！」って、わめき散らしていたんです。ヤクザが乱闘起こして被害者はないだろうって…。心の中で「最初は勢いあったのに、なんだ、この野郎は」と思いましたよ。

## 8 200人相手と対峙したD建設事件

これはまだ、キックの現役選手をしながら警備会社に勤務していた時の話なんですが、神奈川県のO市に当時、D建設会社が開拓事業を始めた時に、外国人労働者を200人ぐらい雇ってプレハブに住ませ、社員には事務所が設置されていたんです。

トラブルの原因は金銭関係の問題で外国人労働者を大量解雇した事でした。それがきっかけになって、クビを切られた連中が社員のいる事務所を何度か襲撃したらしい。ちょうどその日、私がキックの試合の6戦目で勝って、「勝ちました〜！」と警備会社に報告しに行ったら、「いいところに来てくれた。今、O市でトラブル起きているから行ってくれ」と言われたんです。

軽い気持ちで、「いいっすよ〜」とアロハシャツのまま、現場に向かいました。

そこは山の中で事務所の近くに「マムシに注意」なんて立て看板がある。そんなところで1週間、24時間、事務所に寝泊まりすることになったんです。

現場に到着したら、外国人労働者たちが暗くて嫌な眼つきでこっちを見てきました。ヤクザより質が悪いなというくらいの陰湿な眼つきでジロジロ、見てくる訳です。

その頃は作詞家のNさんのボディガードも体験していたから、開き直りが早くなっていました。こういう連中と渡り合う時は最終的に「命捨てて、かかるぐらいの覚悟」しかないんです。生きて帰りたいなんて気持ちじゃダメ。例えば1人やって、こっちもやられたら話にならないけど、2人殺して、こっちも殺されたら、1人分もうけ。たとえ200人来たって、それでいいやぐらいの開き直った気持ちでやっていた訳です。

そんなある日、向こうの組合長みたいなのが3人ぐらい事務所に来て、「電話を貸せ」ときた。こっちの役員がそれを断ったら、険悪なムードになりました。私が傍に行って「帰れ、こらぁ」と言いました。

工事現場にいる連中だから、作業着の中に工具をいっぱい持っているんです。私の態度に反発した男の1人が山の木を切るための斧を装着したボタンを外そうとしたんです。

その瞬間すかさず、その手を抑えると同時に右ストレートを顎に入れました。それが決まって、その男は昏倒しました。

残りの2人に「連れて帰れ！」とその場を収めました。すると、翌日から労働者たちの態度が変わりました。今まで威嚇するかのような態度をとっていた男たちが私と目が合うと逸らすようになりました。


「最終的には命捨ててやらないとできない。生きて帰ろうと思ったらダメだと思いました。警備の仕事に入ったら、気持ちの切り替えをしないとやっていられません。「開き直って、捨て身になる」こと。そういう意識を持つことが、武道や格闘技をやっている人にも精神的な強さにつながると思います。

例えば、走り高跳びで1mのバーを跳んで、それから1m20cm跳べるようになる。それがだんだん高くなると、自信もついて「もうちょっと！」というチャレンジする気持ちになっていきます。それと同じで、喧嘩も最初は怖いし、嫌なんだけど、場数踏んで通り越していくと、自信と安心感が脳に沁み込んでくるんです。正直な話、この歳まで生きてきて、自分の死に様はどうなるんだろうなと思う事がありますけどね。

私はビビりで、子どもの頃から自己防衛本能が強いんだけれど、様々な場面をクリアしていくと、恐怖感を超えて楽しみみたいになってくる。幕末の岡田以蔵（幕末四大人斬りの一人で「人斬り以蔵」として恐れられた男）がそうだったみたいですね。最初は人を斬れなかったのに、斬り始めたら面白くて仕方ないみたいになって。その心理・心境が分かるような気がします。

## 9　人を守る、命を守るという大義名分があった上での戦いは必要

ある人から、殺しても構わないというのが武道の「武」だと聞いたことがあります。要するに、大義名分で人を守る、国を守る、殿様を守るのが武道の武。そのためには相手を殺しても構わない、という意図がその言葉に込められているそうです。

実際のところは、やられたくないから喧嘩になるんです。でも、そこには大切な人を守るという正義感があるべきだというのが私の考えです。昨今、凶悪犯罪が頻発しています。そういう時、やらなければ人でも何でも守れません。

以前、ストーカー事件で家族が殺されたというニュースを聞いた時は、「ご主人、なんとかしろよ」と思いました。何らかのセキュリティーの方法だってあるわけだし…。警察は事件が起きてから動く。警備は事件が起きる前に動くのが仕事。その大きな違いはあるんですけれど、個人

興和警備保障 研修室に掲げられている、西村による言葉
「守りの精神」

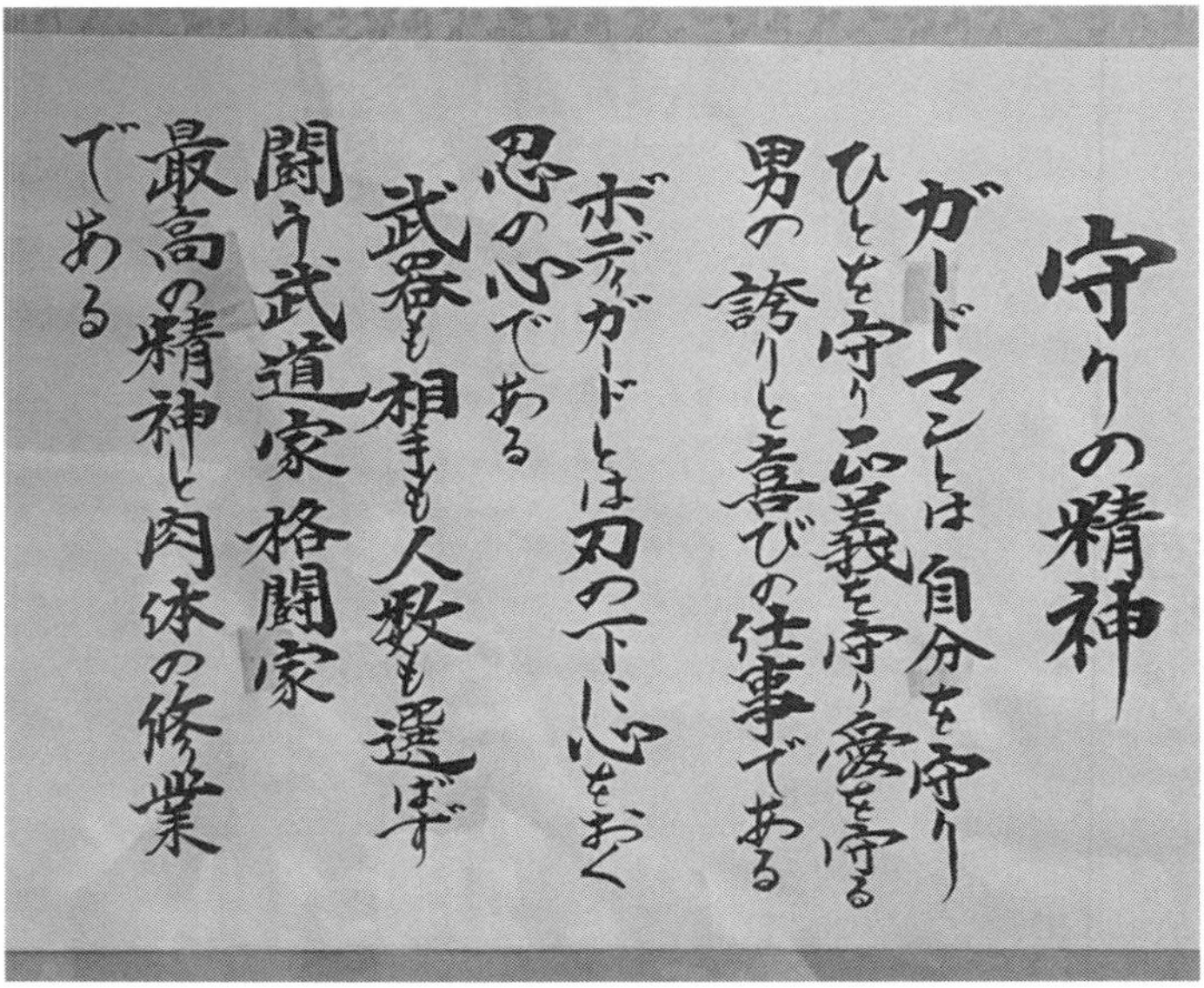
守りの精神
ガードマンとは 自分を守り
ひとを守り正義を守り愛を守る
男の誇りと喜びの仕事である
ボディガードとは刃の下に心をおく
忍の心である
武器も相手も人数も選ばず
闘う武道家 格闘家
最高の精神と肉体の修業
である

としても守るという意味では、戦えるだけの強さを持っている必要があるでしょう。

武道や格闘技をやっている人は競技の中で有名になりたいっていう人もいるでしょうけど、ほとんどがやられたくない、強くなりたいという気持ちを持っています。

私の知り合いに中国やイランやトルコから来ている外国人もいるんですけど、彼らがある流派の〝顔面なし〟の武道をやっているんです。喧嘩の場合は顔面からきます。にもかかわらず、稽古で〝顔面なし〟でやっているから、殴り方も避け方もブロックも知らない。だから、喧

嘩になったら、どう対応したらいいか分からない。それで街中の喧嘩で滅茶苦茶にやられて嘆いている人たちがいます。〝顔面なし〟は、競技面で言えば安全なルールなんでしょうけれど、武道の武という観点ではどうかな？と思います。

しかし、それらの流派の武道でもトップクラスの人たちは路上マッチでも強いです。知り合いにも実際に強い武道家は何人もいます。

## 10 喧嘩で怯むことはあった。しかし、逃げたら生涯の後悔になる！

これは、人に自慢できる話ではないけれど、武道・格闘技をやっている方には共感してもらえる話だと思います。

空手やキックや手裏剣の稽古を懸命にやっていた頃の話です。若い頃だったし、「実戦で試したい」という気持ちが強くなってくるんです。それで実際に路上での戦いを何度もやる。避けて通れない時は引かずに立ち向かう。ガタイがいいとか、いかにも剣呑な雰囲気見せている奴、「こいつとやったら、やばいな」と気後れしそうな奴にも、肚をくくって挑む。そんな事を何度も経験していくと、自信と安心感が間違いなく、身体のビタミン剤のように残ってきます。

いずれにしても、私は子どもの頃から自己防衛本能が強くて、やられたくない、負けたくないという気持ちから格闘技を始めた。日本は法治国家で安全というけど、長い人生、いつ何が起こるか分からない。私は警備という仕事をしているから特にそうだけど、誰でも人生に一度は戦いの場面に遭遇することはあると思うんです。そういう時に前に出るか、後ろに下がるか。「争いたくないから、自分は逃げる」という方はそれでいいんです。戦いたくないんだから。でも、私と同じように、やられたくないから、いざという時に自分や大切な人を守らなければならないからという時に備えて、武道・格闘技を学ぶ人も大勢いる。そしてその稽古は少し応用すれば、実戦でも必ず活きる。だから、逆に思うんです。何もやらない人はいつやられてもいいのか、不安や警戒心を持たないのかって。雨が降りそうな時は傘を持って行きます。雨が降ったら、傘をさす。それと同じだと思います。

## 11 引くに引けない時でも立ち向かう！人生に逃げ癖はつけたくない

某ストアで警備をしていた時の話です。私はそこの頭株だったんですけれど、ある日、隊員から「西村さん、駐車場で喧嘩しています！」と報告があったんです。ストアの駐車場だから、そこもうちの管理下。止めに入らなければと、現場に駆けつけたら3対1で喧嘩している連中がいたんです。それを見て、「あっ、これはやばい！」と思いました。よくよく見たら、ヤクザの幹部が自分の舎弟たちに焼きを入れていて、ボッコボコにしていたんです。それを隊員が喧嘩と勘違いして、私に報告してきたんです。

ヤクザ者が一般人に絡んで喧嘩しているなら、躊躇なく止めに入ります。でも、ヤクザの内輪ごとなんだから、別に止めなくてもいいと思ったのと、焼きを入れている幹部の目を見た瞬間、「ヤバい！」と思ったんですよ。それぐらいの凄味と迫力がありました。でも、うちの隊員が期待をもって私を見ているから引くに引けなくて。そこで止めに入ろうと近づいた瞬間、私を見た幹部の目が、怯んでいるこちらの気持ちを見抜くようになめた態度になったんです。こういう時、先に話した3メートル事件の時のように、なめた相手は大抵、顎を上げて上から目線になる。その時もその瞬間に顎目がけてスカーン！とパンチを打ち抜いて倒しました。

ちなみに私の噂は某ヤクザ組織の中でも広まっていたらしいんです。その組織は武闘派としても有名で、そこのトップのAという男は「抗争の陰にはA有り」と言われるぐらいの人間です。そのAが「西村には手を出すな」と舎弟たちに警告していたそうです。Aは私の知人でもある有名な空手家とも親しくしていたので、彼らの口から私の話を聞かされていたのかもしれません。

ガードマンはどんな人間が相手でも、どんな事件でもなめられたら、お終い。この仕事はやっていられません。それと、私個人としても相手が武器を持っていようが、どれだけ強かろうが、逃げる事はしたくない。そういう時はどんな手段を使ってでも戦わなければと思っています。

危機的状況に遭遇しても、避けて通るのではなく、ど真ん中の道を歩きたい。逃げればホッとするんでしょうけれど、逃げてしまう事を死ぬほど後悔する自分を知っているんです。だから、自分の人生に「逃げる」ことはしたくないんです。

逃げるのは嫌だ、と思った最初は日本刀と初めて対峙した経験です。最初に日本刀と対した時には私は逃げました。そうしたら、これからの人生、日本刀を持ってこられる度に逃げなきゃならない。その時に、もう逃げるのは嫌だ、と思ったんですね。

日本刀には手裏剣という対抗策を用意しましたけど、幸い、実戦で手裏剣を使った事は一度もありません。手裏剣に限らず、私は傷害罪になった事は一度もないんです。ほとんどの実戦がヤクザが相手だったり、向こうが武器をもってかかってくる、みたいなケースばかりなので、大体正当防衛になるんです。

ただ、もし本当に手裏剣を実際に使わなければならないような場面になったら、私は相手の頭部〜胸部あたりを狙うつもりでいます。相手を殺すところです。殺人はしたくありませんから、「とりあえず足を狙って動きを止めて…」という方法論もあると思いますが、私は本気で刃物で切りかかってくる相手に対して、そういう中途半端では身は守れないと思っています。

身に危険が降りかかるような事が「自分には起こらない」と考える人が増えているような気がします。それを「起こり得るかもしれない」と考えるだけで全然違います。そういう備え、気構えみたいなものはきっと武士の時代はあったんだろうと思います。何かを〝守る〟のが武士の本分ですからね。

今の時代は「逃げる自由」も盛んに言われるし、無理しなくていいんだよ、みたいな事を言うようになって、その結果「戦う」という事を考えない人が増えたところもあるかもしれません。

もちろん、逃げられる状況なら逃げていいし、「戦わない」という選択もいいと思います。でも、「戦えない」ではまずい。そこの気構えは、現代に生きる人すべてに必要なものなんじゃないかと思います。

私はいわゆる「心を折られる」ような経験はしていないような気がします。危なくなって、駄目かな、という場面はあるんですけど、そうなるとどこかで「まあ、いいか」と思ってしまうんです。人間いつかは死ぬ訳だから。最初から生まれてこなかったくらいに思えばいいやと。まあ、そう思うしかないと思うんですよ。

ただ死ぬのはもちろん嫌だけど、死ぬってある意味、楽じゃないですか。何もしなくていいし、何の苦労もないし。やるだけの事をやって、死ぬなら仕方ないんですよ。

ただ、命の危険のあるような思いをして、人を守って、それが上手く行って生き延びた時の達成感というか、「生きていてよかった」という感覚は相当なものがあります。精神的なプレッシャーとその後の感覚は反比例するものがあるんでしょうね。そういう所に成長があると思うんです。

辛いと言えば辛い事かもしれないんですけど、生きている限りはある意味逃れられない事だと思います。

## 徒手で刃物に立ち向かう〝最悪状況〟の実戦テクニックその1

刃物を持った相手には徒手で対抗しようとしないのが鉄則。しかし現実にはそういう状況もあり得るというのが実戦というもの。

下段（腹部）への突き込みに対しては両手で十字に落とし止めるのが基本。手刀と掌底の間くらいの部分で受けると、写真のような制圧形に移行しやすい。

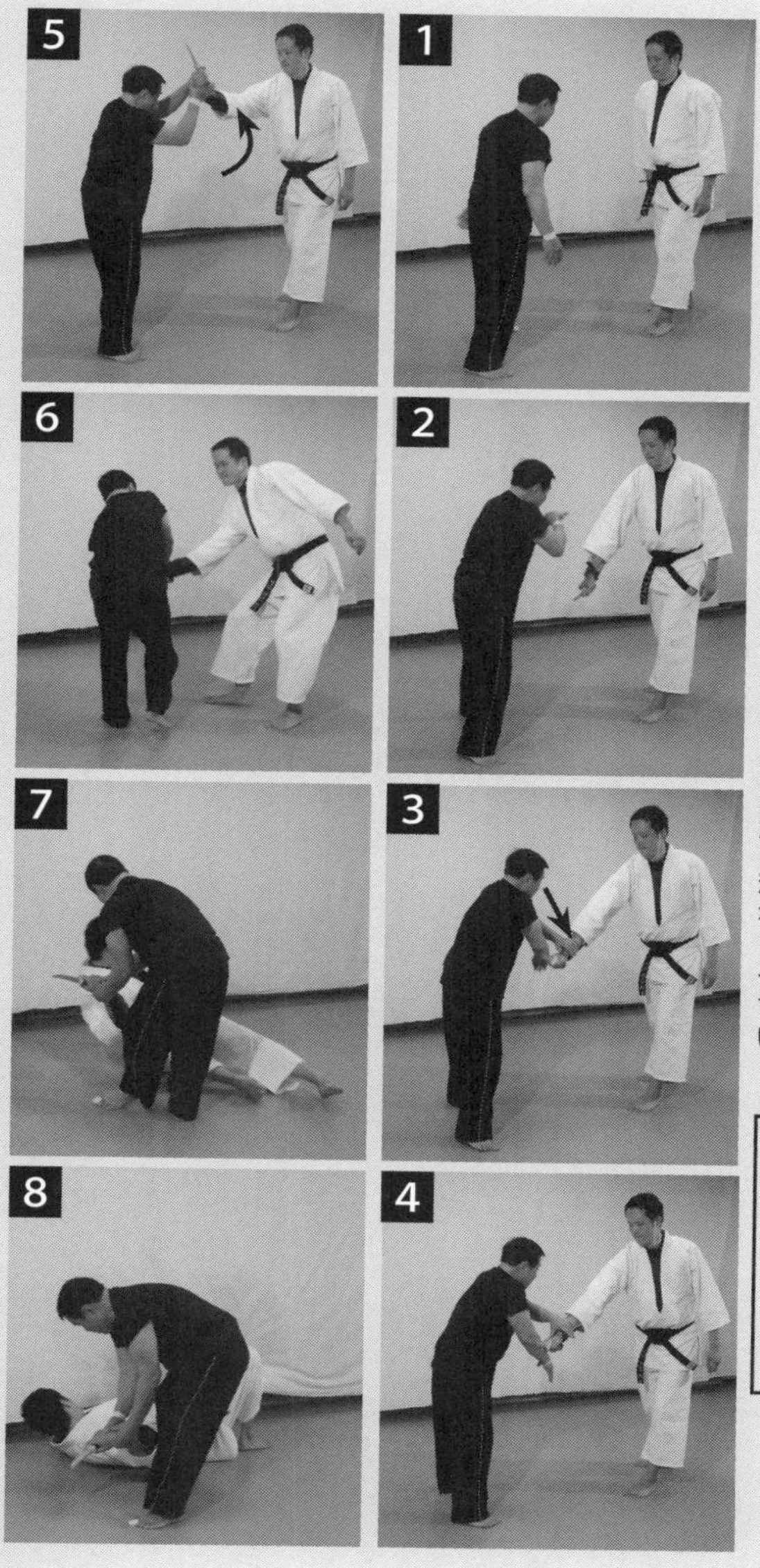

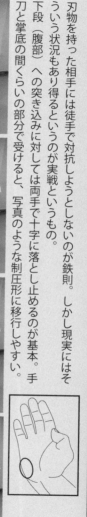

# 徒手で刃物に立ち向かう〝最悪状況〟の実戦テクニックその2

中段への突き込みに対して、右方へパリーで逸らせる。これはパンチに対する捌きとまったく同等。素早く相手腕をたたみつつ、絡め投げる。倒した瞬間にはすでに制圧体勢になっている。

# 徒手で刃物に立ち向かう〝最悪状況〟の実戦テクニックその3

上段からの打ち下ろしに対して、両手で相手前腕〜手首を止め受ける。相手の片手に対して両手で対抗するのも確実性を上げるための大事なポイント。

手首をとらえたまま腕を抱える込むように落とせば、「脇固め」に極まる。

# 第3章 読みと想定

## 1 土地がらみの問題でヤクザと一触即発

当時、2つの巨大組織のヤクザが組んでいたんですが、E町に大きなマンションとビルがあったんです。そこにテナントが入っていたんだけど、ある人がそこのテナントを売ったんですね。そこに事件屋の連中がかぎつけてきた訳です。連中はヤクザ関係の上部と繋がっているから、厄介な事になった。で、その話が綜合警備からうちに回ってきて、そのビルを守ってくれと言われたんです。じゃあ、それをシャットアウトしましょうと。そこでヤクザの二大組織とウチの会社がぶつかった訳です。

最初はいろいろな嫌がらせをしてくるんだけど、ハッキリ言って、うちの方が柄が悪いんです。だって、こちらはキック・ボクシングや空手界でも有名なツワモノ揃い。向こうはハッタリで生きている連中。いざやったらどうなるか、どっちが強いかは向こうも分かっている訳です。

その警備をしていたある夜、私はビルの一階の部屋を全部、仕切りをして、ヤクザたちが入れないようにしました。それで、待機していたんです。

明け方に部屋のドアをバーン！と蹴飛ばして、向こうが「こんな仕切りして、何してやがるんだ！」と入ってきました。こっちのメンツを見た連中が応援を呼んで、「てめー、どうなるか分かっているんだろうな、この野郎」と威嚇してきた。それでも私には余裕があったから、笑いながら相手を見てやった。そうしたら「頭は誰だ！」と言ってきたから、「俺だよ」と答えたんです。そうしたら、「事務所へ来い！」と凄んできたんです。私ともう一人で行きました。こっちはあいつらの手口が分かっている。それはもう、脅かす、脅かす。

「名刺出せ」と言うから、出してやった。連中はこちらがあまりにも強気で平然としているから、名刺は警備会社になっているけど、本当は違うんじゃないか？という所を知りたい訳です。

「これじゃなく、裏の名刺を出せ」って。バックにどこがついているかという不安感があったんですね、向こうにも。

それで「女房も子どもいるんだろうが」と言ってきたから、「俺は独身だよ」と言ってやった。結局、向こうがどれだけ威嚇しようが何しようが、こっちには脅しがきかない。

「じゃあ、分かった。お前らがいるうちは俺らも手を出さないけど、お宅らも手を出さんでくれ。俺らが2、3人行っても敵いそうにないのがいたよな。」ってね。

こっちはやる気満々だったけど、あいつら雰囲気で分かるんですよ。相手が強いかどうか、本気でやる気あるのか、ハッタリなのかを。

結局、一週間の警備契約期間中は向こうも手は出さないという事で、話がまとまりました。そっちが手を出したら、こっちもやるぞとアピールしてやったけど、結果として何も起こりませんでした。

このようなトラブルの場合、民事の場合は警察も不介入ですが、刑事事件になって怪我にでもなったら、容赦ない捜査が入ります。その時も巻き込まれるのを恐れた周辺の店はみんな、シャッター閉めていました。騒動を知った警察も駆けつけてはいたものの、実際に乱闘が起きた訳ではないから、何も起こりませんでした。

いずれにしても、「相手がこう来たら、こっちはどう出るか」を予測して動いていたのが良かったんです。ヤクザが困るのは刑事事件になる事。そうなったら、すぐにパクられます。事務所にがさ入れが入ったら、向こうだって何もできない訳です。商売ができなくなる。ヤクザもその辺は熟知しているから、大人しく引き下がった訳です。

## 2 お巡りさん事件

この頃から、実際の戦いになる前に相手の気を読む、あるいは機先を制してコトを起こさない、という事ができるようになったような気がします。

ある人と2人で歩いていたら、前方でヤクザが2対3で渡り合っていたんです。ところが数少ないのに、2人組の方が強かった。そこに通報を受けた警官が駆けつけたんですね。でも、まだ若い警官だったから、ヤクザに「てめぇはすっ込んでろ！」と言われて介入できなかったんです。

そこで、私が「今の公務執行妨害だろ。俺が手伝ってやる」と言ったら、警官も「はい」って答えた。そんな場面に慣れていない警官だから、オタオタして何もできないんですよ。しようがないから、強い方の2人に真っ直ぐ向かって行って、「やったら、やる！」という気構えでにらみつけた。そしたら、相手は目をそらしたんです。

「どうするんだ、やるかやらないかはっきりしろ」と言ったら、気迫負けしたみたいになって「いや、いいです」と。それでやられている側の3人のヤクザも引き上げさせて、警官に「執行妨害で持って行かなくていいの？」と聞いたら、「いいです」と言うんで、「じゃあ、お巡りさんも帰りな」と帰らせました。

私も200メートルぐらい帰りかけたら2人組のヤクザが後をついてきたんです。何か言ってくるのかと思ったら、そばに来て「あの、どちら様でしょうか」と聞いてきた。こういう時、たまに言ってやるんだけど「看板出していいんか！」と言ったら、「いいえ、結構です」って。どこかの名のある組の人間と思ったんでしょうね。看板って言ったって、どこかの飲み屋の看板だって看板ですからね（笑）。そういうハッタリをかますこともあります。

## 3 機先を制して決着をつけた2つの事件

似たような事はよくあるもので、これもたまたま、歩いていたら、私の前方で的屋が5、6人で乱闘していたんです。1人の奴が相手の襟首つかんで殴っているから、「やめろーっ！」って割って入りました。それでも離さないから、そいつの腕を手刀でバーン！と打ち込んで突き飛ばしてやったんです。その男がこの中では一番、やる気があって強いなと思ったから。

そうしたら、そいつが「すみません！」と謝って、土下座してきたからそれでお終いでした。ノックアウトまでやるんじゃなくて、その程度で制圧する、それ以上はやらない。この乱闘があったのは人が多いところでしたから、それ以上やって、事を大きくしたら、私が手錠かけられるはめになる。

そういう機先を制する、というのは多々、ありました。

もう一つ、別の事件なんですが、きっかけはキックのA君と車に乗っている時の事。信号で止まったら、いきなり人間が車のボンネットにドーン！と飛んできたんです。

サラリーマンがチンピラに殴られて吹っ飛ばされたんです。それが分かったから、即座に車のドアを開けて、「何やってんだ、こらぁー！」と怒鳴りつけたんです。そうしたら、その2人のチンピラがハッとした顔で「すみませーん！」って言ってその場を去って行った。

それを見ていたAくんが「僕も何か言おうかと思っていたんだけど…。まるで水戸黄門みたいですね」って。テレビで水戸黄門が印籠出しただけで、一件落着するあれみたいな感じ。そんな感じで大したトラブルに至らせない。これも相手の機先を制して威圧するだけで決着がついた一例でした。

## 4 殴った相手はここまで吹っ飛ぶものかを体感した〝3メートル〟事件

もちろん、実力行使に出たケースもたくさんありました。当時、私のもとには〝実際の戦い方〟というものを教わりに来る若い男が何人かいました。ここで紹介するのは、そのうちの2人と私が3人でいる時に遭遇した喧嘩の一例です。

1人はキック・ボクシングと実戦空手、1人は少林寺拳法をやっていたんですけど、「本当の実戦はやったことがない」って言うから、「今度、チャンスがあったらやるか」なんて言っていたんです。

そんなある日、都内の繁華街を歩いていたら、向こうから、いかにもヤバそうという雰囲気のあるガタイのいい男が歩いてきました。そこで一緒にいた2人に、「あれ、やったら？」と言ったら、近づいて行ったんです。でも、行ったはいいけど、相手の雰囲気に圧倒されて2人とも避けちゃった。向こうだって、2人のやる気を感知しているはずなんだろうけど、平然として目もくれない。避けて当たり前という感じでした。

それが私の前に歩いてきました。本当に喧嘩の強い奴というのは威嚇なんかしません。そんな

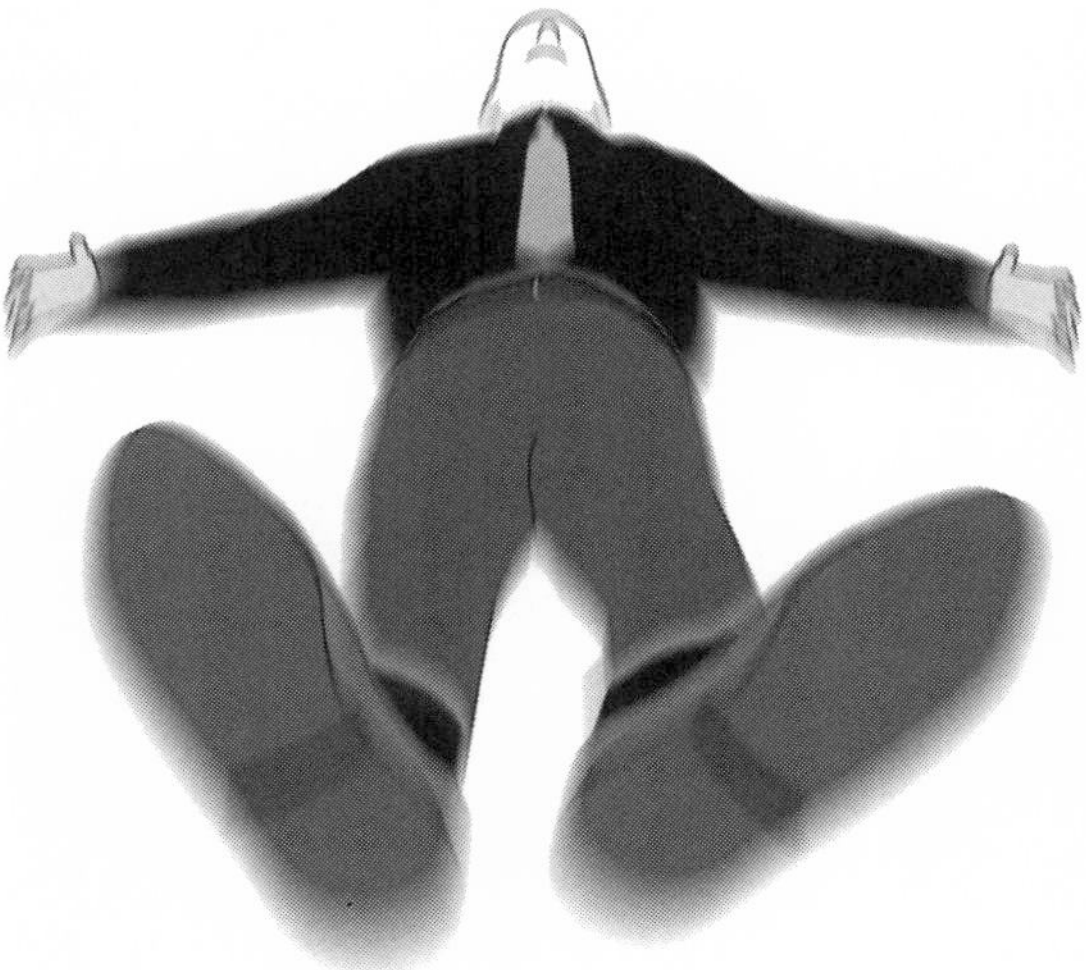

のより、目の据わっている方が強い。それがまさにそんな男でした。「相当やるな」という圧力みたいなのが伝わってきました。「さすがに、こいつヤバい」とぼくも正直、ビビったんです。でも、後輩2人が見ているから逃げる訳にいかないし、謝るわけにもいかない。で、ふと見たら、私が怯んでいる事を相手が感じるのが分かったんです。

それで「やるか、この野郎」ときたら、ヤバかっただろうけど、相手の目でなめられたのが分かりました。その一瞬の隙を見逃さず、私は無構えで下げていた右手を腰の回転で下から打ち上げたんです。そのパンチがものの見事に顎に当たって、相手が3メートルぐらい吹っ飛んでドスンと道端に落ちた。その時に、「人間って、こんなに飛ぶんだな！」と驚きました。

その時、倒れた相手は白目をむいて、ぴくりとも動きませんでした。これはまずいとばかりに、慌ててその場から逃げました。ところがその途中で、1人が落とし物をしているのに気づいたんです。その男はその一週間ぐらい前にトラブル起こして警察の厄介になっていたので、指紋をとられたら、まずい。という事で3人で改めて現場に拾いに戻ったんです。すると、すでにそこは黒山の人だかりでした。

幸いにも落とし物はすぐに見つかったんで、その場でタクシーに乗って帰りました。

でも、それからが不安でした。翌朝のニュースを見たり、新聞記事を読んだりしてようやく事件になっていないことが分かりました。それはもう、ホッとしたことを覚えています。

しかし、この一件でつくづく思ったのは、人間の頭って身体の中で一番、重いじゃないですか。そこをいきなり顎を打ち抜いたから、あれだけ大きく相手の身体が浮くように吹っ飛んだんでしょうね。


この時、自分に対してなめた態度をとった相手の意識が瞬時に分かったんですけど、そのような「気持ちの読み」をとるのは実戦において非常に重要になります。

例えば、対抗した相手の戦力が「10」見えたとします。そんな時、こちらが12ぐらいの強さ（威圧感）で見せたら、向こうはビビります。でも、それを9か8ぐらいの強さで見せたら、相手はこちらを下に見ます。要するになめるんですね。

喧嘩の場合はそういう精神的な駆け引きも大切になります。「戦いを避けられなくてやる！」と決めた時は、自分を下に見せれば相手が精神的に余裕を持つんです。逆にやりたくない時は上に見せる。威嚇したり、はったりかましたりする。だから「やろう！」と思った時は相手より下に見せた方が戦いやすいです。

なめるということは、どこかに油断ができるんですね。戦う時とそうでない時の「意識の駆け引き」はほんの一瞬。特に殴ろうとしている時は相手にもどこかに油断や隙ができるから、そこを読むんです。

戦いの場合は相手側の打撃や組み技やグラウンドや武器があったり、いろいろなパターンの仕掛けがあるから、それを一瞬に読み取ることが大切。それができれば、パンチや頭突きなどの自分の攻撃の射程距離に入ることができるんです。要するに相手に油断をさせればいいんです。それをさせずに警戒されると、顎を引いたり、構えられたりしてやり辛い。ガードしているようなものですから。それは何度も体験していく中で「実戦ではここが重要ポイント」と思うようにな

# 相手を油断させる〝一瞬の抜き〟

今にも戦いが始まりそうな場面、一瞬自分の闘気を〝抜く〟（写真2）。この〝一瞬の抜き〟によって、相手に、こちらをなめてくるような、ゆるんだ隙が発生する。そこへすかさず先制攻撃を入れる。

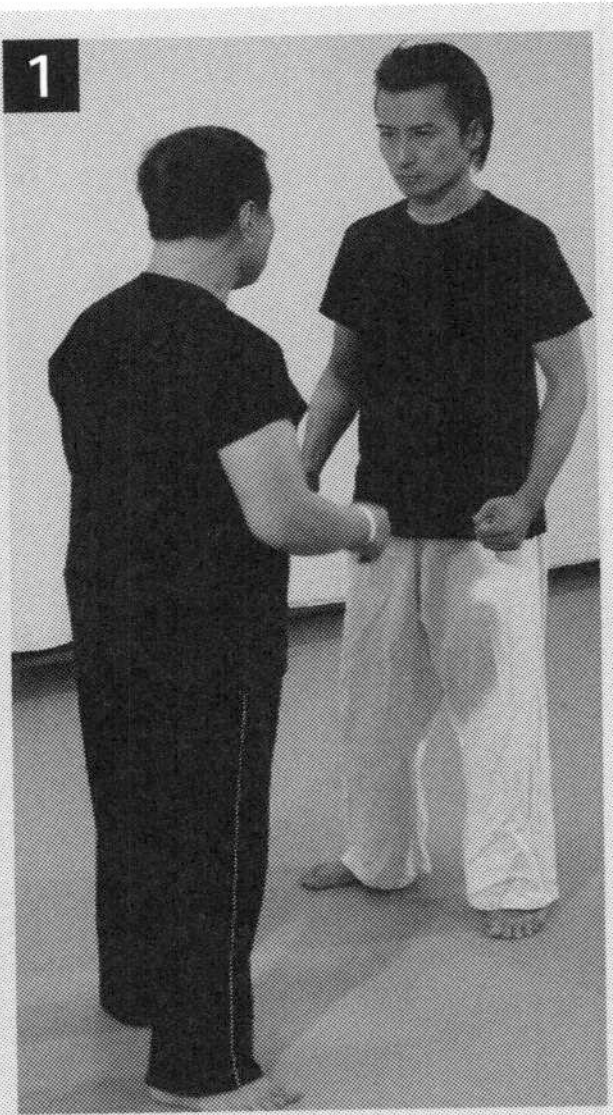


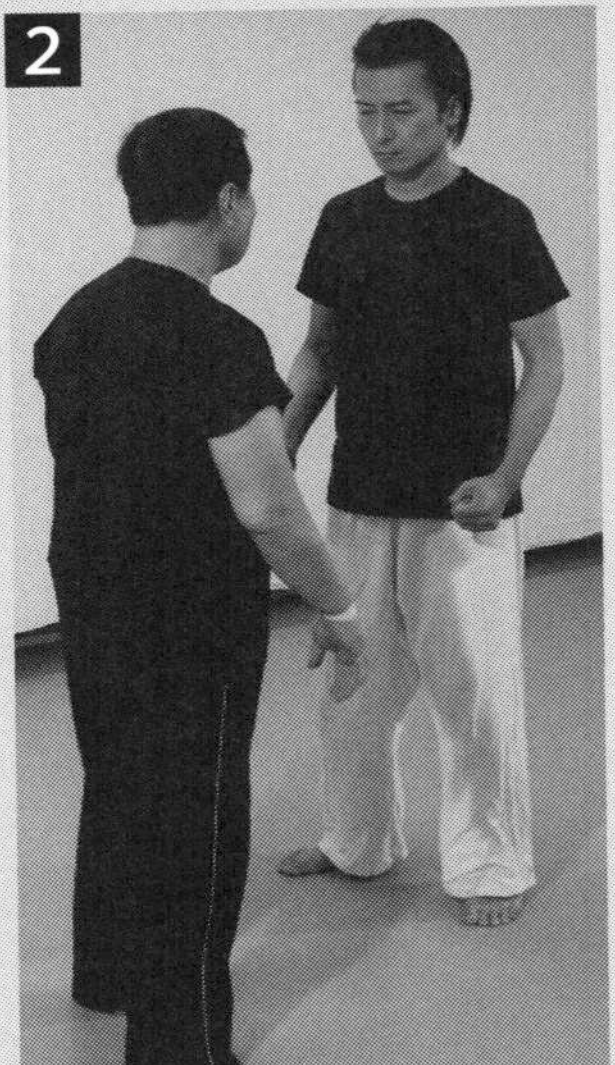


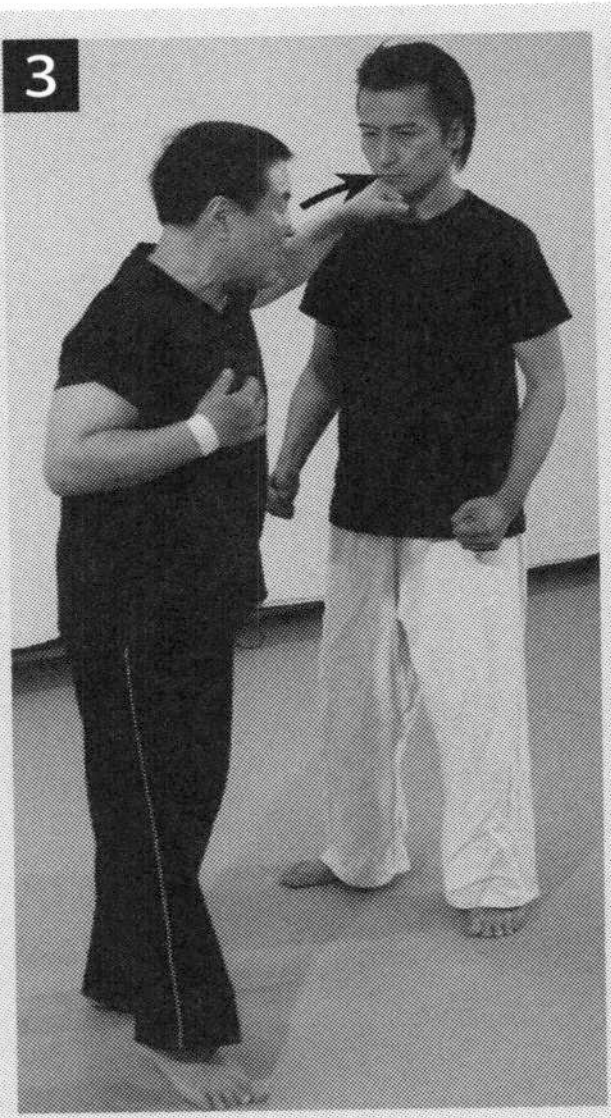

りました。

## 5　ストーカー事件

ある日の夜、私の自宅の玄関のドアをノックする音が聞こえたんです。「誰かな？」と思いつつ、ドアに向かったら「すみませ〜ん」という女性の声。不審に思いつつ、ドアを開けたところ、そこには一人の女性の姿がありました。

その人は「同じマンションの二階に住んでいる●●という者ですけど…」と言いました。その声が怯えるような感じだったから、外を見たら植え込みの傍に背の高い、皮ジャンを着た男が立っていたんです。

「あの人がずっと、駅からついてきて怖い」って言うんです。そこで、その男に近寄って行って、「なにやってんだ」と言ったら威圧的な態度で「関係ねぇだろう」と言ってきた。「いや、関係ないことねぇだろ」と言ったんですけど、。その時、そいつはポケットに両手を入れていたから、私は間合いをとっていたんです。それで、相手がこっちに近づいてきた時にパッと、手を出した。こういう時、私は手の位置とか眼つきとか非常に気にする性質なので、手には何も持っていないことが分かった。それで安心して、相手の胸を見て、目を見た瞬間に相手のレバーにパンチをドーン！と入れたんです。そしたら、そのまま座り込んだから頭つかんで、「今度来たら、ただじゃすまんぞ！」と睨みつけた。そうしたら、「分かりました」って。

彼女は私がそこまでやるとは思わなかったから、顔面蒼白になりました。翌日、その女性が菓子折りを持って「昨夜は有難うございました」とお礼に来たんだけど、明らかに怖がっているんですよ、私のことを（笑）。

## 6 予知・予測と観察眼

相手との間合い、駆け引きというものは実戦においては大事です。例えば相手が荷物を持っていたら、そこにはどれぐらいの大きさのものが入るかを見ます。何を持っているかどうかを事前予測するんです。過去に車のトランクから日本刀を出された時の経験がありますから、何かモノを持っているという自信があるゆえにそれが相手の態度に出るものなんです。

私は自宅に帰った時に鍵を開けて入ろうとする時、誰もいないという感覚で入ったことはないです。常に「誰か待ち構えているかもしれない」という予測で入ります。外に出る時も誰かいるかどうかをガラス越しに見ます。それは無意識のうちに警備という仕事柄の習慣になっているんです。

例えば、スーパーに来る人で、買い物に来る人と万引きに来る人間とは違うんです。

万引きする奴らは、まず監視カメラや従業員や非常口を見たりする。でも、買い物に来る人は値段を見たり、品物を見たりする。だから、そういう人がお店に入った瞬間、すぐに見分けるということが大切なんです。同じように「喧嘩を売る奴かそうでないか」を読む力を持つことは重要です。セキュリティーもそれと同じです。「危ないかもしれない」という気持ちがあれば、心構えになりますけど、「大丈夫だ」という気持ちを持ってしまうとそれが危険につながります。

これはウチの隊員にもよく言うことなんですけど、感じること、察知することが大切です。

ちょっと変だなという、違和感ってあるものだと思うんです。私は昔、U町の界隈に遊びに行っていい気持ちで帰る時に、喧嘩を売ってやろうなんていう人間がいる時は20メートルぐらい先から何らかの違和感を覚えました。そういう雰囲気を持った奴を事前に感じ取れるんです。そのような観察眼みたいなものは自分を相手の立場に置き換えることで養われました。「このやろうと思ったとしたら、相手はどう察知するかな」と、自分と相手の逆の読みをするんです。

心理学みたいな話になりますけど、自分観察から相手の思考・行動を予測する。例えば男女の関わりでも嫌な人、いい人っていうのは、雰囲気で分かるものです。以心伝心みたいに感じられるものがありますよね。電車に乗っていてカップルがいて、そのうちの良く喋っている方が相手に惚れている。黙って聞いている方はあまり、その気になっていない。そういうカップルの気持ちを読み取ったりしながら、観察訓練する事もあります。

〝こいつ、少し変だな〟〝この人、眼つきとか雰囲気悪いな〟って。そういうのが予知できる能力は、子どもの頃からの自己防衛本能の強さが年齢や経験を積むにつれて、培われてきたんだと思います。世間一般の「武道や格闘技をやれば喧嘩に強くなる」という考えは分からないではないけれど、その前に相手に対する観察眼や予知する能力を養う。それプラス、武道・格闘技をベースにすることが重要だと思うんですね。

立っても、組んでも、寝ても対応できる！という鍛錬は非常に大切だと思っています。私はこの歳になっても、危機的状況に遭遇した時は相手を殺せるぐらいの自信と安心感を常に持っていたいんです。自宅にいる時でも、襲撃者が来たら、何かしらの武器を使って、この間合いだったら、絶対にやれるという意識と姿勢を持ち続けたい。アメリカなんかはそうだと思うんです。あれだけの軍事費を使って、あれだけの防衛力を持って、何だかんだって、力があるという事はどの時代でも必要だと思います。

日本でも凶悪な犯罪事件が多発しているけれど、強ければそれを回避するか、排除できる。やられてしまったら、それで終わりです。だから、「その気になったらいつでもできる」という気持ちは必要だと思うんです。

以前、ある右翼の人に「いくら西村さんでも100人、200人に襲われたらやられちゃうだろ」って言われた事がありました。「何百人来ようがやられる時は2人でも3人でも殺せば、儲けもんだと俺は考えているよ」と言ったら、「さすがだなぁ」と言われました。

死ぬのは怖くない。それより、やれる！という余裕と自信があればいいというのが自分の考え。逆もまた然りです。そういう精神的余裕があれば、人にも優しくなれるし、思い遣りもできる。そういうことも含めて、強くあるという事は、私の生き様なのかもしれません。なにせ、未だに「手裏剣はこう使えば戦局を有利にできる」なんてことを考えていますからね。

年齢的に体力的には落ちてきているけれど、たとえパワーは衰えても自信は衰えない。そんな自分でありたいと思うんです。若い頃の知人にAさんという、パワーリフターからボディビルダーの日本チャンピオンになった方がいて、この人は柔道も強くて圧倒的なパワーでした。その彼と稽古している際、柔道の寝技に持ち込まれたら、それこそアナコンダに締めつけられているか

## パワーによらない〝駆け引き〟の崩し

相手の押す力が強くても、それ以上の力で対抗しないと負けてしまう、という訳で必ずしもない。それよりも、相手が何をしようとしてきているかが〝みえている〟事の方が大事。

相手がまっすぐ押してこようとしている意図が見えたら、少しを体を横にずらしつつ、相手膝に足裏を当てるようにしながら上体を引き込み「膝車」で崩す。

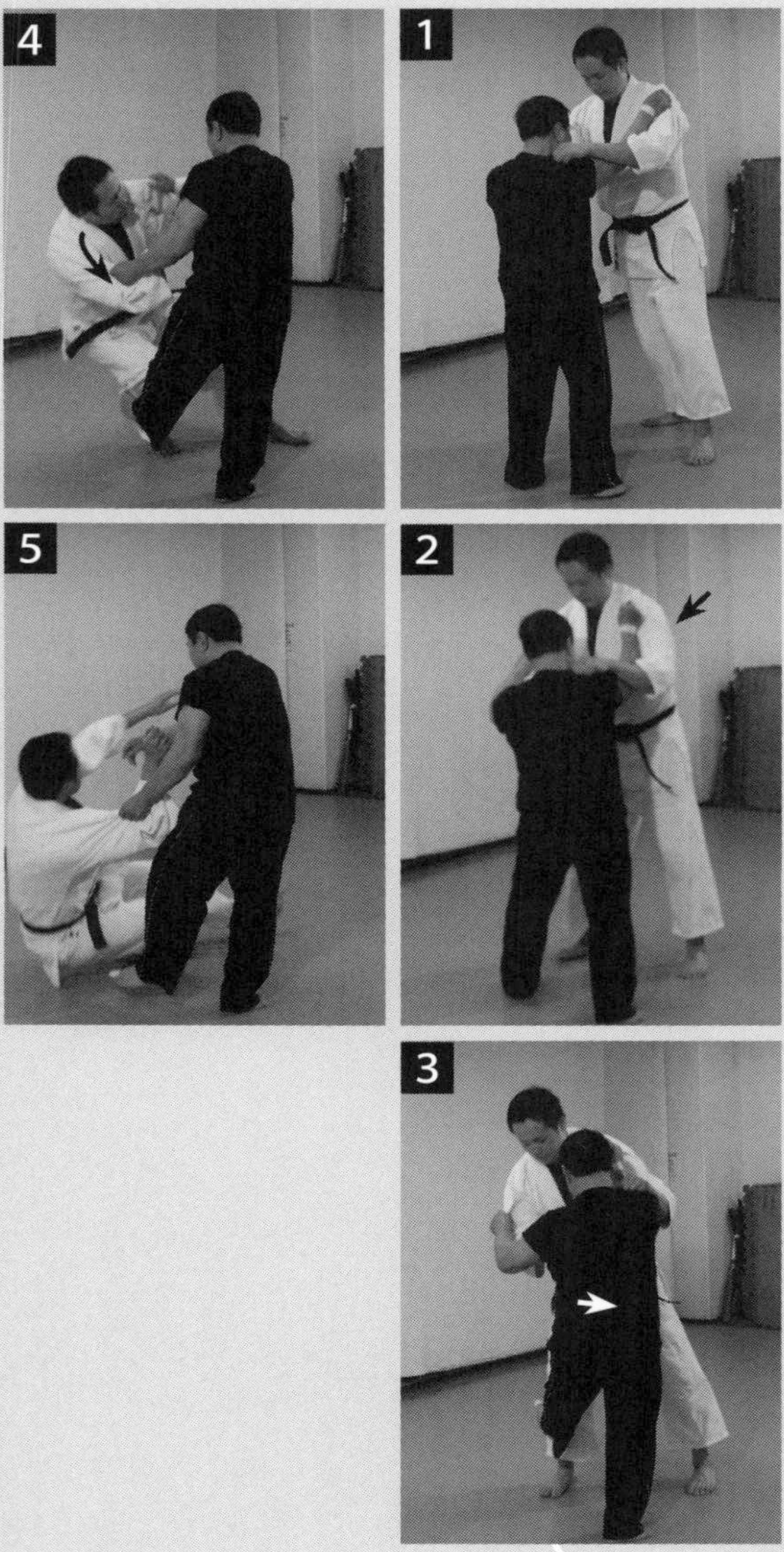

のようになりました。以来、「パワーも必要だな」と、国内トップクラスの知名度を持つボディビルダーからトレーニング指導を受けていたこともありました。

ただ、パワーさえあれば安心、衰えてきたら不安、というものではもちろんない。相手をよく見て「やれる！」と見切る力がまずは、大事だと思います。

## 7　喧嘩の鉄則その1　相手を読む事、不安感を瞬時に切り替える事

喧嘩の鉄則は「相手を読む」、「手の位置を見たり、バッグを持っていたら、何を隠しているか」という予測もする。ハッタリをかましているのはたいしたことはない。ポーカーフェイスやニヤッと笑いながらバーン！とくる方が強いです。

いずれにしても、喧嘩は競技格闘技のように「よーい、どん！」で始まるわけではありません。タイムが決まっていたり、レフリーがいるわけでもありません。完全にルールなしの勝負です。

喧嘩と試合の一番の違いは、まず、〝不安感〟です。「殺しちゃったらどうしよう、殺されちゃったらどうしよう」、「警察につかまったらどうしよう」、「復讐されたらどうしよう」という、い

くつかの不安感が実戦においては発生します。試合だったら、ウエイトも同じ、ルールもある。でも、喧嘩にはそれらの複合的な不安感が出るんです。それがちょっとした違いのようで、ものすごく大きな要因になるんです。それをスパッ！と切り替える事が喧嘩の場合は大事です。格闘技のチャンピオンだとしても、喧嘩は意外と弱いというケースもあるんです。ところが、ランキングにも入っていないような人の方が街中の戦いでは滅茶苦茶、強いというケースだってあります。

「今、やらないとどうなるかという読み」を瞬時にする事、そして「すぐにでもやれる」という意識の切り替えをできるようにする。一言で言うと平常心ですね。そういう事を日頃から頭で考え、肚の中に落とし込んでおくんです。50人、100人の人間がいる中で「こいつは何かおかしい」と見抜く目を養って、万が一、そういう相手と喧嘩が始まったら、今まで言ったような不安感を一瞬にして切り替える。それが競技格闘技と喧嘩の大きな違いだと思います。

格闘技や武道をやっていることは前提条件として大切だと思います。その上での心理的・精神的な要素は非常に大きなウエイトを占めてきます。

打撃系で言うとキックや空手や拳法をやっている、組技系なら柔道や総合格闘技、そういう格闘のベースが身についている人は、瞬間的に考えずに反射的に出るような動きがあります。だから、護身においても喧嘩においても、武道・格闘技の鍛錬は使い方次第で徒手と言えども、立派な武器になるんです。

## 8 喧嘩の鉄則その2
## 自分の間合いで戦う事、周囲の状況判断をする事

私も先手をとられたことは何度かありました。その時に咄嗟に反応できるかどうかが大事です。以前、某所で一度に3人相手に戦った時にパッ！と対応できたのは、柔道の技でした。来る感覚の読みで最初にかかってきた奴を体落としで投げたら、そいつの後ろにいた男もまとめて倒れました。その上で腹を一発ずつ蹴り上げたら、残りの一人はビビって、もう、かかってきませんでした。だから、そういう場面でも咄嗟に受けられる態勢というのは大事ですね。私が実戦でよく使うのは「体落とし」なんです。相手がかかった時にガッと受け応えて、自分の足をスッと廻して落とすのがこの技。それは何回も使っています。投げにいった時、自分が頭を打つリスクもあるから、体落としは効果的です。

実戦においては、先制攻撃と自分の射程距離に持ち込むことが大切です。打撃や投げ技、組み

技などの自分の得意とする間合いに持ち込んで、いつ攻撃されても対処できる姿勢で相手に近づく。特に喧嘩の場合、相手がなめて上から目線になって近づいてくる時は不思議と顎が上がっています。その状態で「なんだ、このやろう」と挑発してくるから、こちらにとっては「倒すための美味しいご馳走」なんです。

わざわざ顎を上げて、接近してくる。そこにパンチにでも掌底でも当たれば、相手は簡単にストーンと落ちます。顎の下端から3センチ以内の範囲を打つと、人間は倒れるんです。

それと、周りの状況を見ることも大切です。ある時、T銀行の寮の前で5~6人が喧嘩しているところに遭遇したことがあるんです。一緒にいた先輩が私の喧嘩を見たいものだから「西村さん、チンピラが喧嘩をやっていますよ」と言うんです。言われたからやった訳じゃないけど、喧嘩を止めに入りました。そこで一番やる気のある奴を「やめろーっ!」ってビンタを張ったら、そいつが止まったんです。そうしたら、先輩が「なんで、みんなやらないのさ」って言うから「二階から家族が見てるじゃないですか」って答えました。そんなところで殴り倒したら、すぐに警察に通報されます。先輩が「よく見ていますね!」って驚いていたけど、私の視野にはそこまで普通に入っています。そういう意味での状況判断は早いですね。それも喧嘩における鉄則の一つです。

それと、無構えで相手を殴るのもポイントです。私の仲間にはキックの有名選手も何人かいるけど、みんな「構えて打つのはできるけど、構え無しで打つのは難しい」と言うんです。

## 9 〝想定外〟をなくしていく

競技的には、刃物なんて、ある意味「反則」です。でも、「反則」が実戦なんです。やっちゃいけない事をやるのが実戦なんです。

「想定外」なんていう事を言うけれども、これは「やられる側」の考えなんです。「やる側」は相手の「想定外」をやった方が勝てる。だから「やられる側」はいかにその「想定」を広げていくか。「気持ちの太刀筋」をまず読む事です。相手が本当にやる気があるのか。殺す気でいるのか。そういう、ある種の「気を読む」っていうか、そういうところから始まらないと。

私は空手とか柔道とか、武道や格闘技をやっている人たちによく言うんですけれども、それぞれにはそれぞれのルールがあって反則がある。その反則を集めてやればいい。それが実戦です。そういう意味では、それぞれを本当に知らないと、逆はできないと思います。

思えば日本刀を相手にした時からそうだったんです。まさか相手が日本刀を用意して待ち構えているなんて思いもしなかった。それが実戦というものだと思い知ったんです。やはりそれを使う使わないという事でなく、対応力を得ておくという意味で、違う種類の武道や格闘技を知っておく事は大事だと思います。

普段からいろいろな想定を考えているのが、私は癖のようになっているんです。これは誰にとっても、実戦や護身には役に立つと思いますよ。今、刃物を持った人間が顕れたら、どう対応するか、みたいな事をいろいろ考えるんです。ああ、あそこに消火器があるから吹き付けてやれるな、とか。例えばこういう事も、考えていないと咄嗟にはできなかったりします。スズメバチ駆除の殺虫スプレーというのがあるんですけど、これが8メートルくらい届くような強力なヤツなんです。これは護身具に使えます。

私は業務上、警棒を常に携帯してますけど、これがあればだいたい刃物にも対応できます。刃物というのは、刺す、切る、くらいのもので、意外に使い道の狭いものなんです。それに比べて警棒はいろいろな使い方がある。相手にしてみたら、こちらが〝想定外〟なんです。

いろいろな想定を考えておくと、咄嗟の時に固まってしまったり頭の中が真っ白になってしまったりはしませんよ。考えていたそのどれを行動するか、あるいはどう応用するか、という行動を起こすしかない。

武道や格闘技には「ヤマをはっちゃいかん」みたいな考え方もあるかもしれないけど、これは私はある程度やっていいと思います。何もないよりはいい。その代わり、その瞬間に相手が何をしようとしているか、どう行動するか、それをしっかり洞察する事が大事です。

戦う前の事も大事ですよ。こいつはちょっと怪しいなとか、変な事してきそうだなとか、何か武器を持っていそうだなとか、そういう事を洞察する。それが実戦です。

相手がどんな人間かも洞察する。ボクサーだったら眉が薄くなってたり、空手だったら拳頭がゴツかったり、柔道やレスリングだったら首が太くて耳が沸いていたり。でも、固まった先入観は危険です。こうかもしれないな、とヤマをはりつつも、でも、違うかもしれない、という想定もしておく。そこが大事です。

しなくてもいい心配をして、それが原因でむしろ固まってしまう、いわゆる「予期不安」のようなものを恐れる向きもあるかもしれないですけど、武道武術に関してはそれは起こりません。想定しておいて、それに固執するのでなく、一歩引くんです。

誤解を恐れずに言えば、私はこういういろいろな想定を〝楽しむ〟くらいの感覚でやってます。

でも実際、そのくらいの感覚でやればいいと思いますよ。誰かが窓のカギを壊して入ってきたら、こう対処してやろう、玄関から入ろうとしてきたらこう対処できるな、という事を考えておく。結局〝後の先〟なんですよ。武道、武術でもそうだと思いますけど、先を取られたらどうしようなんて縮こまる必要なんてないんです。〝後の先〟は強いですよ。

夏場に半ズボンで山に行ったら蚊に刺されるから長ズボンで行く、くらいの事は誰でもやってる訳です。それは経験からそういう事ができるようになってると思うんですけど、そんな風に経験を活かしていく、という事が大事ですね。負の経験がマイナスに作用するような事、例えばこっぴどく負けるような経験をして二度と立ち向かえなくなるみたいな事を恐れる人もいるかもしれないですけど、これは簡単な事です。負けたら勝つ方法を考えればいいんです。実戦っていうのはルールがないんだから、あらゆる方法が考えられるでしょう。きっと考え付けると思いますよ。生きてるうちは、「絶対にかなわない」なんていう事はないですよ、きっと。

いろいろな経験は、嫌な事も辛いような事も、〝ビタミン剤〟だと私は思ってます。でも嫌な事から逃げていると〝ビタミン剤〟にならないんです。

逃げないできちんと一歩踏み込んで考える事が大事です。あるいは角度を変えてみる。合気道で「相手と気を合わせる」という事をしますけど、それがそういう事だと思うんです。まともにぶつかり合って打ち勝つ事が難しい相手でも、そういう風に角度を変えてみると活路がある。それは必ずあるものだと思うんです。

第2部

# 〝実戦〟を見やる武道理法

小沢 隆

第4章 武道は何を作るものなのか

第5章 実戦に通用する〝心身鍛錬

# 第4章 武道は何を作るものなのか

## 1 私を〝生かしてくれているもの〟

私は西村社長程護身の経験やキャリアが豊富な訳ではありませんが、日頃海外出張が多く、十年程前にフィリピンのバーで飲んでいる時、外国人から銃を突きつけられたことがありました。椅子に座っていた事もあり、下半身は使えなかったのです。その時、とっさに出した掌底で相手のこめかみを打って、失神させたのですが、そのような生涯滅多にはないであろう場面を、冷静な判断で対処できた事は、日頃からの稽古をしてきたからこそだと思います。

私は、ディヤーナ国際学園という引きこもりや家庭内暴力、不登校などの子のための学校を運営しているんですが、いろいろな子がいるので、暴れたりする子も出てきます。その現場でも、暴れる相手を簡単に制圧できたりするのは、やはり日頃からの鍛錬の賜物だと思います。これも私にとっては実戦の現場であり、実戦に武道を活かす、という事でもあるのです。これはこれで切実な実戦の場です。

私は今年で58歳になりますが、生涯現役でいようという心構えが常にあります。だからこそ、突発的な事態にも武道の動きを発揮できるようにと改めて思うのです。

私は私たちの文化的財産みたいなもの、目には見えないが「武道」をはじめとする日本固有の伝統文化の中に生かされてきたと思うのです。しかし、その伝統性が認知されなくなった昨今、その様な一個人はとても脆くなってしまうんです。

一見不必要なもののように見えても、あらゆるものの叡智の中に自分が生かされている。だから、武道の試合では正面に礼をする。それは叡智に礼をしていると思うのです。それがあって初めて、お互いにも礼をして、審判にも礼をする。そこが土台だと確信するようになりました。

その中で気づかされていく人間の心と身体の関係性の深い認知が大切であり、現代を生きる我々が「どのように生きていけばいいのだろう」というヒントになるのではなかろうかと思います。

冒頭のフィリピンの場面で、私の身を守ってくれたものは何だったのでしょうか？　それは確かに「武道」の中に息づいているものです。

## 2 〝よい姿勢〟の本質

人間は何にも筋肉が働いていない状態だと、体が重力に負けてしまって地面にべちゃっとつぶれてしまうような体勢になります。つまり、普段我々が何気なく立ったり座ったりしているその状態にして、筋肉はそのしっかりした姿勢を維持するために働いています。それを「抗重力筋」といいます。

あらゆる運動は、体幹部がまとまってしっかりしていないと、うまくいきません。全身を調和させて動かせませんし、結果として大きな力も出せない、素早くも動けない、なめらかにも動けない、という、何をやってもうまくいかない状態になります。

だからその〝しっかりとまとまった体幹部〟を作り、抗重力筋を鍛え、あらゆる運動がうまくいく身体を作るのが武道であり、日本文化の本質なんです。

前項のフィリピンの例で、椅子に座った状態で効果的な掌底が出せたのは、普段「椅子に座っ

た状態からの打撃」を練習していたからではありません。その瞬間に身体が最大限に活用される状態ができていたからなのです。

例えば、武道では正座をします。これを、上体をぐにゃりと歪ませたような、つまり体幹がまとまっていない状態でやろうとすると、楽そうにみえて、全然維持できません。いわゆる〝よい姿勢〟がむしろ一番維持できます。つまり、正座はそれ自体が抗重力筋を正しく活性化させていく鍛錬になっているのです。

これは例えば、日本の弓道でも共通の考え方だと思いますが、抗重力筋を活性化する事で、人間の動作がひとまとめにまとめられます。お茶を出す時も花を生ける時もその立ち居振る舞いが美しい、力士が四股を踏むのも美しいと人に見られるのは、その人の姿が一つにまとまった動作になって調和しているからです。だから、こうした抗重力筋を活性化させることによって、心身を調和させていく。心身全体が一つのものとして調和していくときの動きが美しくなる訳です。伝統芸能でも茶道でも華道でも弓道でも全てに共通する要素だと思います。

職人の技術でも書道の字でもそうだと思います。中心がしっかりしていないとブレてしまう。武道の技も一緒です。そうすると、いわゆる筋力ということをベースにした考え方ではない、別な考え方が必要になってきます。

これは、日本の文化そのものと言っていいかもしれません。日本の文化ということを言いましたが、未来の不安を考えないという部分で、江戸の町民文化の「粋」という言葉で表現されたり、五感を意識した自然を楽しむ「わび、さび」という、いろいろな表現の切り口が日本にはあったわけですが、まさにそういうものだと思うのです。

## 3 〝実戦〟のパンチ

さまざまな体勢、動きにおいて、まとまった身体で動作する、という事が大切です。

座るということは実はとても大事なことなんです。実戦は格闘技と違って、足のバネを使ってパンチを打つという動きが極端に減るのです。いつ、どんな時に危機的事態が起きるか分からないわけですから。試合のように「今から始め！」ではないんです。ここをもう少し詳しくお話しすると、座った状態でパンチを打つイメージになるんです。

座って強いパンチを打つと思ってください。西村社長が「構えずにパンチを打つことは格闘競技者でも難しい」と言われていました。それはどういうことかと言うと、無構えからのパンチはあまり足のバネは使わないことが必要になるからです。通常の打ち方をすると、相手にこちらの動きを察知されてしまうのです。

野球のオーバースローとソフトボールのアンダースローのピッチングフォームをイメージしていただきたいのですが、我々が考えている護身のパンチの打ち方、身体の使い方はソフトボールのアンダースローのそれに近いんです。そうすると、筋力というより、むしろ体幹力になります。下半身の動きはあまり使いません。

西村社長のパンチの打ち方は撮影の時、下半身のバネをほとんど使わない打ち方をされていました。そのため、パンチの軌道がぶれないんです。正面から見たら、非常に見づらく、察知しにくいパンチだということが分かります。打たれる側からすれば、不意にくるパンチなので、さぞかし恐怖を感じたことでしょう。

その打ち方をマスターするには、座っての呼吸法が必要になってきます。その理由は座っている時は先ほどからお伝えしているように、足のバネが使えないから。でも、当たった時は身体全体が当たらないと効かないので、座った状態（正座でもいい）での身体の調和が必要になります。

昔の職人の技術はそれに近いものがあったと思います。鉋をかけたり、どかっと座って腰を降ろして縄を編んだり、その状態そのものが心身が調和されたものだったのでしょうね。

## 正座からでも威力ある打撃

座った状態からでは、打撃に足のバネは使えない。よって威力ある打撃はできなさそうだが、正しく正座をして体幹〜全身がまとまった状態にあれば全身が打撃に向けて調和し、自然に威力ある打撃になる。ここでは丈夫な額に掌底を当てに行くが、耐えがたい衝撃が受け手に注入された。

正座をする中で、体が〝まとまってくる〟感覚をつかむ。外見上のカタチの問題ではないので、見た目から整えていこうとするのでなく、あくまで〝内観〟を行う。
あたかも〝パチン〟とはまるかのようなポイントがあり、そこにはまればその姿勢が長く続けられるようになる。そのポイントを見つけるのは難しい長い道のりのようにも感じられるかもしれないが、そのポイントがあると知って探すのは、決して途方もない難しさではない。

## 全身がまとまっていれば崩されない

全身がまとまっていない状態だと、投げにこられたら容易に崩されてしまう（写真右列）。しかし、まとまった状態であれば崩されないし、無理に力んで投げようとしてくる相手を逆に崩し返す事ができる。

「体幹が強いからなかなか投げられない」と言うが、どこかの筋肉が強いという以前にこういう条件も働いている、という例。

全身がまとまっている　　全身がまとまっていない

# 無構えからの打撃

構えずに両手を下げてただ立っている状態から、突き上げる軌道で相手の顎をとらえる。軌道がずれにくく、相手に見えにくく不意をつける実戦的な打撃となる。

1

2

3

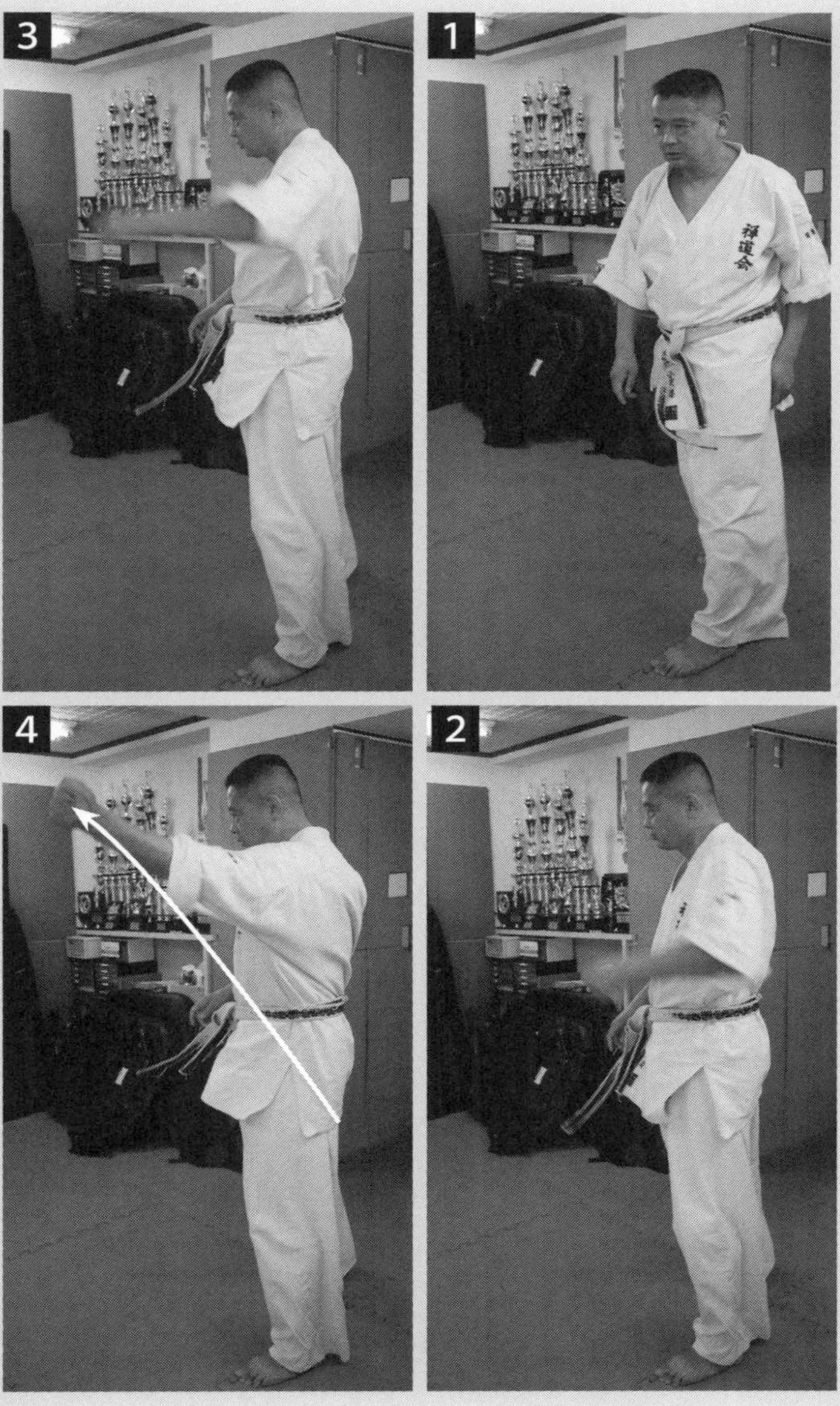


足のバネを使った打撃より威力に劣りそうだが、体幹を崩さないようにしつつ、腹でリードするように押し出す事によって、大きく体重移動せずとも体から力が〝ひとまとまり〟として伝わる。〝ミートポイント〟が広く、打ち損じが少ないという特長があり、非常に実戦向き。

# 4 護身と格闘技

武道として〝実戦〟を考える場合、それは本質として護身であると思います。

護身と格闘技には明確な違いがあります。一つには、格闘技は間合いの取り合いが重要で、必ずそこから戦いが始まり、いかに自分にとっての適正ポジションに移動して打撃できるか、を追究します。

護身に関しては、これがありません。相手が勝手に間合いに入ってくるものです。

間合いの取り合いには、どうしても運動能力が必要になってきます。格闘技の打撃の〝ミートポイント〟はおよそ3センチくらいのものです。そこで当てられなければ、効力のある打撃にできません。その意味でも、前ページでご紹介したような、〝ミートポイント〟の広い打撃は護身に有効なのですが、これは、さほど卓越した運動能力を持っていなくとも、効果的な攻撃は可能、という事でもあるんです。

また、格闘技の敵想定は〝格闘技巧者〟です。護身の敵想定は〝何をやってくるかわからない者〟であり、必ず攻めてくる前提です。

〝殴り合う〟ためにはその経験値が必ず必要です。でも、護身にはそれは必ずしも必要ありません。

このように、護身と格闘技は似ているようにみえて本質的にかなり違うものなのです。だから、格闘技で強くなるために必要なハードで時間のかかるトレーニングのようなものを、必ずしもやらずとも、実戦で有効な護身力を培う事は可能なのです。

例えば、打撃になれていない者が実戦でフックを使うのは危険です。それは相手を呼び込んでしまい、簡単に脇を差されてしまいやすいからです。そういう意味で、ストレート軌道の〝無構えからの打撃〟は護身に向くのです。

経験を重ねていく事は何においても有効ですが、間違った経験を重ねてマイナスに作用してしまう事もあります。いざという時の〝実戦〟でそれが出てしまっては目も当てられません。間合い勘を狂わせるのは多くの場合、過去の経験値です。経験値が少ないから護身が成立する、という場合も実はあります。

格闘技に必要なものを護身(実戦)に向けてはスリム化させていけばいいのです。

基本的に、武道の考え方は「経験を積み重ねていく」のでなく「経験を捨てていく」というところにあります。刀を作るために鉄の不純物を除いていく〝鍛錬〟そのものです。

先の〝無構えからの打撃〟も、格闘技のように大きな重心移動に頼るのでなく、ほとんど〝その場〟の、わずかな体移動で大きな力を生み出します。そのためには体幹部分がまとまっていなければなりません。

次章では、その〝シンプル化〟させていった、実戦に通用する体動を培う方法論をご紹介していきます。

## 体幹がまとまっていると、あらゆる動作がまとまる

体幹がまとまっていると、、ただ歩くだけの動作がまとまり、調和した動きとなる。腹から先導し、そこに、力の入っていない四肢が連動している。

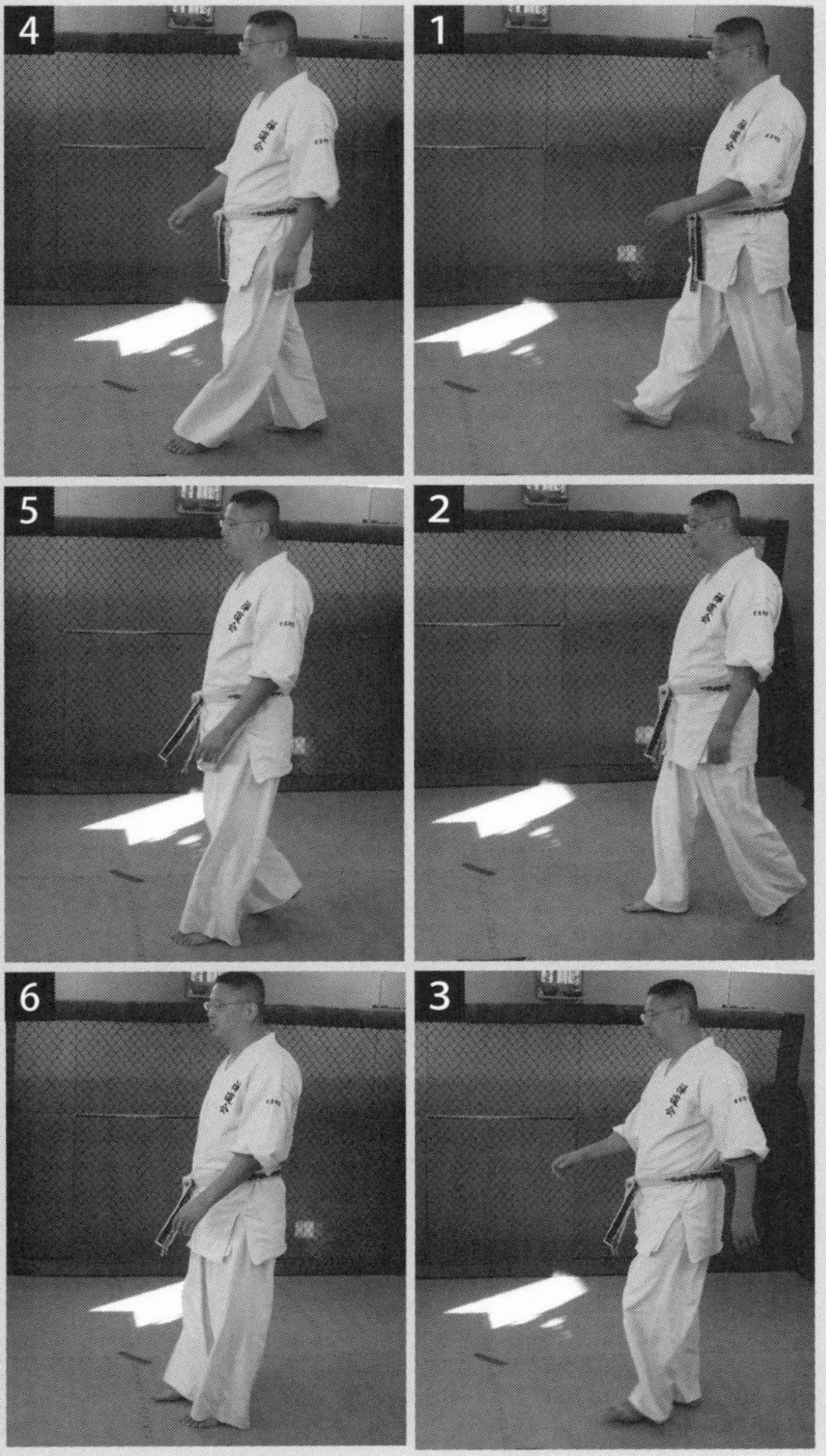

# 第5章 実戦に通用する心身鍛錬

## 1 人間強化の核心は呼吸法にあり

空手の道場に入門すると、基本稽古・移動稽古の練習から始まって、ミット・サンドバッグトレーニングやスパーリングがあります。それ自体も体系なのですが、通常は格闘技としてのノウハウを体系から学びます。その中に武道では、礼儀作法を学ぶことも重視しています。正座をしたり正面に礼をしたりするのも体系になるのですが、究極的な目的は「いかにいい呼吸をできるかという姿勢作り」をすること。立ち方三年と言われるように、稽古を通して自分のスタンスや姿勢を作り上げていく。それが座っても寝てもできるように、何から何までが「スムーズな理にかなった呼吸ができる姿勢」をどんな状態でもできるようにするのです。

でも、その手順だと、最低でも稽古時間が2時間ぐらいはかかってしまいます。どう省略しても、1時間から1時間半はかかってしまう。そこで、格闘競技ということを外して、護身だけをテーマに絞れば、稽古時間をもう少しスリム化できるというのが私の考えです。要するに短時間でそれが可能になるということですね。

礼法、呼吸、姿勢、こういった事はどんな武道の道場でも当たり前にやっている事です。この動作、もしくはこの座り方は何のためにあるのかを意識することを「認知」と言います。

この初歩的な認知から、深度を深めていくんです。そこがある意味、武道の稽古における特色の一つでもある訳ですが、それをしていくと、内観ができるようになります。その内観の認知の支えとなるのが呼吸です。

内感覚を認知する。自分の表側の情報に反応していくのではなく、自分の「内部情報に対して感じ、認知していく」のです。それを総称して、禅と言うのだと思います。

ただし、我々がやっているのは格闘競技なので、その動きに伴うだけの有効な禅でなければなりません。例えば、千利休という方は素晴らしい文化人で、お茶を入れる動作の中ではその道の達人であった訳です。武道や護身の要素を学ばれた方ではありませんが、もし、武道を学ばれたら、すごく強くなったかもしれません。でも、その事実はないと思います。礼法も呼吸法も、茶道の達人の方でしたから、とてもハイレベルな身体性を持っていたと思うのですが、格闘競技や護身用のものではありません。だから、あくまでも我々はそこから応用・展開できるものを体得していかなければなりません。

格闘競技であればそういう過程を経て、有酸素力、筋力、必要な条件反射を学びながら大会に臨み、体験・体得していく。同時に、礼法、正座、呼吸法、姿勢をベースに基本稽古、移動稽古を学ぶことで、武道的な動きを培っていく。これらの稽古の体系には全て整合性や共通項があるのですが、それが呼吸法です。先ほども話したように、どの状態でも一番いい呼吸ができるようになること。呼吸を自由自在に操れるというところが大切になります。

## 2 ストレスの緩和

これはちょっと専門的な話になりますが、普通、呼吸というのは延髄が行っていると言われています。ところが何らかの危機感を感じると、興奮して扁桃体《へんとうたい》と連携して呼吸をするようになると言われていて、さらに、呼吸を意識した時には、今度は大脳の前頭葉が関与するようになると

言われています。人間の大脳は扁桃体をはじめとするさまざまな生理機能をコントロールし、身体全体の生理機能をも変化すると言われています。

日本には「あうんの呼吸」とか「あの人たち、息が合っているよね」というように「息」という言葉がよく使われます。その呼吸をコントロールしているのが「丹田」なんです。そこで総称して日本では古くから、「丹田呼吸」という呼吸法が用いられてきました。まさに腹の据わった日本人になるための文化的叡智だったんでしょうね。古くから日本では、今流行りのマインドフルネスが行われていたという事です。

人がストレスや不安を感じる時でも呼吸

法は有効になってきます。呼吸法を伴う瞑想や禅により、脳細胞は復元すると言われています。呼吸法によって、大脳がストレスを緩和・コントロールしようと働き、結果的に人の心はストレスから解放されます。同時に、予期不安からも解放され、自然治癒力で脳細胞は復元されると言われています。

少し話が変わりますが、禅道会では格闘競技を学びながら、認知の深堀りと呼吸法で武道に必要な技能と精神性を高めていきます。しかし、格闘競技をする人は一握りです。だから、その競技に必要なトレーニングの部分を薄くして、護身のみにスポットを当てていけば、もう少しスリム化ができるわけです。西村社長のような卓越した胆力、戦闘能力までは行かなくても、それに近いところまで誰もが護身を修得することが可能というのが私の考えです。護身にだけ特化した部分でも、禅道会にはその体系もあるのです。

護身が必要な時、人の心は高ストレス状態です。そのような状態でも呼吸法でマインドフルネスになれるということは、日常生活においても呼吸法を活用することでストレスを緩和し、冷静な判断ができるようになれます。心理学的側面で言えば、後世に名を残すようなカウンセラーは非常に高い洞察能力があって、クライアントと向き合う時はマインドフルネス状態になっていたと思われます。例えば、一芸に秀でている人などは「……三昧」と言われますが、その間、マインドフルネス状態に持っていきやすい感覚を持っている人達だったのでしょう。俗に言う無我夢中になれる人です。

ここで大事なことは〝不安〟ではなく〝快〟の方です。ところが、現代社会では〝快〟を感じられる環境はそうあるものではありません。でも、真のマインドフルネスを実現するには〝快〟がないと難しいのです。不快があると、イライラして不安ばかりが大きくなってしまう訳です。

胆力や護身能力を高める事はすごくハードトレーニングをしなくても、短時間でもできます。ただ、その方法は競技力の向上を望むには弱点があります。格闘の競技者として成功するには、心肺機能や筋持久力を養成するための稽古量には足りません。しかし、競技者がその稽古体系を導入することによって、能力をグレードアップする可能性は非常に高くなってきます。

一般の方々や中高年の方々は競技に参加することはあっても、競技者ではありませんから、日常生活に支障を及ぼさない時間と負担で護身性を身につけることは、現代の社会背景を見ても、心身の健康を保つためにも非常に大切なことだと思います。

もちろん、呼吸法だけで護身の能力を体得できるものではありません。しかし、ここの部分を理解していただきたいのですが、状況判断能力というのは、基本的に逃げるという事も含めての判断、それも護身なのです。いくら、護身だからと言っても、一般の方が身長2メートルあって、体重も150キロあるような格闘家に立ち向かえるわけではありませんし、それは護身の概念から外れてしまいます。そのあたりは護身というものを柔軟的に考えないと、判断を誤る事になります。護身の必要性はなければないで、それにこしたことはないのです。戦わないで対処するという現実を考えることも必要なのですから。その状況判断能力を予期不安が邪魔するのです。

呼吸ということを中心に考えると、そこに副産物があります。それが筋肉の使い方です。普通、走ったりする時は重力に対して逆らう力を使って、走ったり、跳躍したりして、いわゆる筋力を駆使しています。それに対して、歩く動作や立っている時、もしくは座っている時は筋肉を使っているイメージはないと思われます。ところが、実際はそういう時も重力をはじめとする様々な拮抗する「抗重力筋」を使っているのです。

それは通常で言われる違う筋肉という意味ではありません。ただ、歩いている時や立っている時、座っている時に「筋肉を使っている」という意識はありません。無意識に姿勢を保持しているために筋肉を働かせているのです。では、これをどのように活用していくかというと、ここに呼吸法が深く関わってくるのです。ある種の呼吸法を意識することで、「抗重力筋」が活性化すると言われています。

護身における心身づくりは世間で言われるフィジカルを鍛えるのとはちょっと違う考え方とし

て、とらえていただきたいと思います。そのベースにあるのが先ほどからお話ししている「抗重力筋」になる訳です。

トップアスリートのような動きは一般の方が真似しようとしてもできません。でも、歩く事は誰にでもできます。なぜ、２本の足で歩けるかというと、それは人間が他の動物より抗重力筋が発達しているからと推測されます。

その誰もができる要素をどのように認知を深めていくかの中で、呼吸法で心身が調和されて、ひとまとまりになる。結果、武道における打撃も護身における打撃も、相手に読まれにくい技になり、気配を殺せる打撃になるんです。

呼吸法による抗重力筋の活性化により、心身は調和して、まとまった状態になります。それは格闘競技の打撃戦や相手と組んだり、寝技に持ち込んでも有効的な動きができるようになります。

その人に必要と思われる呼吸法と呼吸法を伴うストレッチを1日、15分。メニューはその人のタイプによって違います。後は日常の姿勢や歩き方に気をつけることで、十分に心身の鍛錬ができるという事です。そして、週に1度か2度ぐらい、道場稽古やパーソナルトレーニングを受ける事で護身術は身に着きます。もちろん、格闘競技の大会を目指す方にとっても、好結果が望めます。

1日、15分ぐらいなら、おそらく誰もが問題なくできるでしょう。後はそれを具体的にどういう事をやればいいのか、認知の要点はどこにあるのかという事を段階的に学んでいけば、場数を経験しなくても「読まれないパンチ」、「格闘技とは違う護身用の打ち方」をマスターできるようになりますし、かなりの護身力を培えることが期待できます。また、それを日常に活かせば、ストレスから解放された余裕の中で「今に生きることの喜び、今に生きることの幸福感」を感じ取ることもできるようになります。そういうことが現代の護身の一番大切なことだと思います。

## 3 護身に必要なのは、自分の内部環境への認知を深める事

禅道会では通常、初心者には呼吸はそんなに意識させていません。空手・格闘技の動きそのものから入っていきます。しかし、護身を目的とした場合は呼吸法から入っていきます。そして、いくつかの呼吸法を組み合わせて、さらに呼吸法を伴ったストレッチも加えて、護身に必要な身体と心づくりをしていきます。それはフィジカルを鍛える方法ではなく、自分の肉体の中に焦点を当てていく方法です。

自分の肉体の中とは、身体の内部環境のこと。通常のトレーニングは外部環境の刺激を利用したものです。これはバーベルなどを上げて筋肉にストレスを与えて身体を作っていきます。ところが呼吸法というのは、「内部環境の認知を深める」という作業なので少し、方向性は異なります。

トレーニングジムに行って鍛えようとすると、1時間、2時間はかかってしまいます。これだと、運動好きで時間的余裕がない方でないと難しい。また、トレーニングが怪我の原因になる事もあります。そういうことを考えると、より効率良く、短時間で〝快〟を感じながら、護身のエッセンスを学んでいくことが禅道会の護身の体系であり、誰もが体得することが可能だということです。

ストレス社会の今日、心の状態を良く保つことはさまざまな場で導入されるようになってきました。ただ、マインドフルネスは心の健康だけがテーマですが、それだけをテーマにした認知をしていると、その人が強いストレスを受けた時にコントロールがしにくいのです。だから、平常時のストレスを緩和しようという、ちょっと消極的なものになってしまいます。それよりも一歩前に出て、ストレス状態になっても自分を見失わないようにする。そこで今までお話してきた、護身ということがとても効果的なテーマになるのです。

護身が必要な場面に遭遇するかどうかは分かりませんし、ないにこしたことはありません。ただ、心構えとして、そういう場面を想定して生活していることが動くマインドフルネスにつながっていくという事なのです。西村社長が言われていた事の中でインパクトを感じたのが「護身は自分の宝物」というお言葉でした。そこに私は「西村社長はある種の幸福感」に支えられているんだろうなと思ったものです。西村社長にはいいお仲間、生涯のつながりになるような方が集まっていて、一般の方とは違うかもしれないけれど、とても幸福な人生を送っていらっしゃるのだと思いました。

例えばビジネスマンが仕事でミスをしてしまった、あるいは仕事上で大きなストレスを抱えるような出来事があった、そのような状況でも平素から護身のメソッドを取り入れていけば、的確な判断・対処ができると思います。ストレスの多くは対人関係から生じます。そのような場合でも心が揺らぐことなく、他者との円滑なコミュニケーションがとれるようになるのではないかと思います。ここに武道で言われる「平常心」が活かされるんです。

人間関係から生じるその人の表情や仕草や動作や言葉も行為です。護身に使うパンチや蹴りも行為。その行為が的確ならば自分が守られるのですが、そうでない場合が多い。例えば、仕事上のミスをした時、過去の失敗が頭によぎって、「また、上司に怒られるんじゃないか」と思いがち。だから、当の本人は表情が硬くなって頭が真っ白になってしまう。でも、上司はその心情が分からないから、「おまえ、聞いているのか？ふざけるな！」と怒鳴るか、叱りつける。それが続くと、言われた人はどんどん追い込まれてしまう。俗に言う負のスパイラルにはまってしまうのです。

「悪いことばかりが続く」という、未来に対する不安や恐れが生じて、その不安定な意識からくる表情や態度が相手にも誤解されてしまいます。だからこそ、呼吸法をはじめとする短時間のトレーニングを一般の方々にも広く取り入れていただきたいと思うのです。護身は今までお話してきたように、襲撃者への対処だけでなく、精神的なストレスを受けた時、それが慢性的に続く時、ここ一番の踏ん張りが求められる時にも非常に有効な手法になることをご理解いただければと思います。

私は自立支援の学園を運営していますが、社会にうまく適応できない子どもたちがそれだけ多くなっているのです。もちろん、一般社会人も日常的に高いストレスを継続的に受けて、心を病んでしまった場合もあると思います。そういう場面でも、呼吸法をはじめとする護身のメソットでそれを回避することが可能になります。

ここでご紹介する武道の方法論は、単に格闘的に強くなるにとどまるものではありません。日常生活あらゆる危機に対応でき得るものであり、だからこそ武道なのです。

# 抗重力筋を鍛えながら自律神経を整える呼吸法

体のどこにも負担がかからない、無理のない姿勢をとって、ゆっくりと呼吸する（口から呼気、鼻から吸気）。呼気が長いほど、副交感神経優位になってリラックス状態になるが、リラックスしすぎても日常生活上は不適当な状態。

4秒吸って8秒吐く呼吸によって覚醒を下げる。日常生活に適応したバランス状態を作るには5秒吸って5秒吐く呼吸を行なって覚醒を上げる。

吸気

呼気

## 〝戦闘状態のリラックス〟を作る呼吸法（火の呼吸）

ヨガのメソッドである「火の呼吸」は、戦闘状態に適した覚醒度をもったリラックスを作ることができる。いわば〝切羽詰まった状態でのリラックス〟。

鼻から吸って鼻から強く吐く。吐けば自然に吸気されるので、呼気に重点的に意識を置く。最初はゆっくり、徐々に早くしていって1分間に120回くらいの「吸気ー呼気」を目指す。

# 体幹を作る呼吸法（立って行う〝火の呼吸〟）

立って行うバンダ（〝締める〟という意をもつ、呼吸法を行ないながらエネルギーを体内に閉じ込める行為）は、それだけで意外に難易度が高く、体幹を作る効果も高い。すると、ちょっとした動きでも強いパンチが打てるようになる。

# 体幹を作る呼吸法（蹲踞姿勢での〝5—5呼吸〟）

そもそも体幹がまとまっていないと、蹲踞姿勢はとりづらい。蹲踞姿勢を安定させながら、〝5—5呼吸〟（5秒吸って5秒吐く）を行って強力な体幹を作る。

## 4 "日常"のトレーニング

護身というケースの中で考えてみると、怖いのは予測ができないという事。ディヤーナ国際学園で言うと、暴力をふるう発達障害の子がいると、いつ、どこで暴れ出すか全く分かりません。そういう予測不可能な相手の行動に対して、我々の職務で必要なのが「傷つけずに制圧する」という事。時として、刃物を持った暴れる相手に向き合うケースもあります。そのような危機に対して相手に負傷を負わせずに制圧するということはある意味、活人的な意味合いの護身にせざるを得ないという状況になってしまいます。そこでこそ求められるのが「自分の感情の動きの認知」なんです。

感情の動きが自分では認知できないまま、表情や仕草から知らないうちに相手に伝わり、相手の暴力衝動を引き起こすケースがよくあります。だから、私の考える護身の根底にあるのは、「一切の分別心を捨てて相手と向き合う」事。これはまさに礼の精神そのものです。本当に自分も相手も尊重して向き合えるかどうかにかかってきます。最終的にはどんな相手とでも信頼関係が作れる心境、それが最強の護身だと思っています。

古来、日本に伝わる武道は文字通り、我が身を守る技術でした。現在は特殊な状況でない限り、命の危機に遭遇することはない。でも、ここで提案したい護身の概念は、心と身体を調え、自らの心身の奥底まで認知を深めるという新たな観点です。そして、それが「どんな相手とでも信頼関係が作れる心境」になれるとしたら、どれだけ素晴らしいことか。自分の心と身体のひとまとまりになった調和を築き、その安定した状態で他者とも向き合い、いかなる状況になっても信頼関係までを構築できるようになれば、これこそ、最強の護身です。

いずれにしても、護身の体系というものは、心と身体という2つの別のカテゴリーに分かれたものではないという事です。それを同じものとして考えなければなりません。

人間は分かりやすく言うと、誰にでも過去の経験、トラウマというものがあります。それが3歳の頃のトラウマだとしても現在に影響を及ぼしているのです。その理由を簡単に説明すると、大脳が大きいからです。大脳には経験してきた膨大な記憶があるので、例えば梅干しを食べたことがある人は「食べたというイメージ」をするだけで、酸っぱいという生理現象が心身に起こります。

この特性を護身にもうまく利用して、イメージを作る。それをしながら、応用が効かせるような形で身体作りをしていくと、危機的状況に遭遇しても結構、冷静に対処できるようになります。

予期不安にとらわれずに身体を動かすには、「想定してイメージする」事が大切です。西村社長の言に「常に何らかの事態がありえると想定している」とありましたが、それが要点なのです。ここが通常のマインドフルネスの内観トレーニングと私が提唱し、実践している護身トレーニングとの大きな違いなんです。

西村社長の「家に入ったら、侵入者がいるかもしれない」というお話は何もないという気持ちではなく、常に危機的状況を想定して行動されている。想定していくと大脳が働くので、想定しておいてイメージをすると実際の場面に直面した時と同じような生理現象が起こります。先ほどの梅干しの味わいがよみがえるような感じです。その生理現象の特性を利用して、護身の場面を想定しながらイメージトレーニングをしていくのです。

一例を挙げると、リンゴを食べた時は「食べたという食感や感覚」が大脳に残って、記憶として蓄えられます。一般の方々は護身という場面そのものを体験するのは難しいですよね。そこで武道の稽古が活きてきます。打撃や組技、寝技になってもできる経験を試合や稽古を通して学んでいく必要があるのです。だから、一日15分の短時間のトレーニングであっても、週に1回ぐらいは道場での稽古あるいはパーソナルトレーニングをする必要があります。それをベースにさらに想像力をふくらませて、護身のパターンをシミュレーションしていくのです。

## 5 寝る、座る、立つ状態での呼吸法と高覚醒、低覚醒を見極める

人間の日常の基本動作というのをざっくり大きく3つに分けるとしたら、「寝る」、「座る」、「立つ」の動作があります。この3つの姿勢での呼吸法をするのです。それをベースに、武道の動きを想定した動きで呼吸法をします。今、挙げた3つの動きは身体が調和している状態です。それを武道の動きに変換するストレッチを行いながら呼吸法を行うのです。その時間がおおよそ15分。大雑把に言うと、「寝ての呼吸」、「座っての呼吸」、「立っての呼吸」、これがだいたい9分から10分。それからストレッチ呼吸で5分。これで日常は十分だと思います。

その呼吸法の方法もその人の条件によって変えなければいけないのですが、早い呼吸か、遅い呼吸か、中間の呼吸かはその人の現状によって変わってくるのです。「自分にはどの呼吸がいいか、どう判断すればいいか？」は、例えばその人の日常が高覚醒（自律神経がかなり優位な状態）か低覚醒か。さらにその状態を「快」、「不快」で分けていくことによって、呼吸法を変えていくと言えば分かりやすいかもしれません。

低覚醒でリラックスしていて気分がいいか、あるいは鬱々として辛い状態なのか、高覚醒で気分がいいのか、あるいはイライラしているのか。現在のその人の状況によって、その話を聞き取って、メニューを変えていくのです。もちろん、その後に行われるパーソナルな方法を受ける場合もそれによって、内容が変わってきます。

武道ワークは均整がとれていてベースは決まっていますが、パーソナルワークは違います。ですから、その内容も呼吸法もパーソナルワークの場合はその先生が受講者の状態を見て変えていく必要があります。護身を学ぼうという人は以上の呼吸法にプラスして、日常での歩き方や姿勢を意識して、認知していけば、さらに効果的になります。それらをベースに武道や護身のトレーニングをしていくのです。

寝ている時、座っている時、立っている時の呼吸法、さらに武道に結びつけるためのストレッチを伴った呼吸法、さらにその呼吸法も早い呼吸、中間の呼吸、遅い呼吸があり、それはその人の覚醒度や快・不快によって、指導者が判断していく必要があります。パーソナルでは、基本的にその人との話の中で内容を決めていき、週に一度ぐらいは現状を把握しながら、変化を加えて、修練度を上げていく。それが1日15分ぐらいでできる十分な身体作りになっていくのです。同時に呼吸する姿勢も変わってくるので、ここに強度の高い呼吸法も取り入れ、ストレス状態でもマインドフルネスが崩れないように呼吸法を変化させていくのです。併せて、護身に対する多様なイメージを作り上げていく。いずれにしても15分ぐらいなら、すぐに集中してできます。

高覚醒、低覚醒を把握しながら今の自分の状態に合った呼吸法を継続していくと、快を伴うのですごく頭もスッキリして、気分が良くなります。

## 6　護身と幸福感

毎日、15分程度を呼吸法にあてる事で、寝ても座っても立っても、あらゆる姿勢での抗重力筋の活性化を促すということが期待できます。護身力を高める稽古の幹がそれなら、後は枝葉をつける仕上げ。それがパーソナルトレーニングや道場稽古になります。つまり、通常のトレーニングや稽古の前段階の呼吸法により、護身の基礎はできるということなんです。無理なく、どんな場所でも1日15分から20分。後は日常の動作を意識するだけ。

そしてこれはおそらく、日常の学習効率も上がるだろうと思っています。大脳を持っている人間の特徴ですが、過去に「こういうことが苦手だ」という思いが残っていると、苦手なものに対するイメージで、そのことが嫌いになって苦痛になる。当然の事ながら、同じような場面に向き合うと、予期不安が生じて学習能力も下がってしまいます。不安や不快がベースにあるから、学習効率が下がってしまうのです。ところが、護身の場面を想定した上でのマインドフルネスというのは、常に緊迫した場面を想定しています。すると、不快が相対化されるんです。

例えば、男性の皆さんの話になりますが、明日戦争に行かなければならなくなったとします。すると、普段は女性が苦手な方でも「明日は戦場か」と思ったら、勇気を持って意中の女性に気持ちを打ち明けるかもしれない。嫌われるのではないかという予期不安に、思いを伝えたいという思いが勝つのです。そんな感じで苦手なことが相対化されるのです。すると、過去や未来から解放されやすく、過去に対する執着や未来に対する不安が軽減化されます。そんな時が五感も学習効率も高まった状態と言えるのです。

ここに護身というテーマのマインドフルネスの持つ大きな意味づけがあります。マインドフルネスとは、現在に対する集中という意味であることは皆さんもご存知かと思います。逆を意味するマインドワンダリングという言葉があるのですが、人間というのは「今に集中している時間が非常に短く、過去や未来のことを考えて、ずっと意識が拡散している」のです。この状態がマインドワンダリングで、1日24時間の中で非常に長いんです。しかもそれはネガティブなものに支配される事が多く、その間、現実に起きてもいないことに対して、常にストレスホルモンが出てしまいます。これが続けば、当然のことながら人は病みます。だから、ことさらマインドフルネスという話をしなくても、楽しみを持っている人はそれだけでストレスフリーでいられます。趣味がある人は楽しい時間があるから、快の状態を作りやすい。お酒が好きだとか、麻雀でストレスを発散するとかで楽しいんです。

私がお伝えしたいのは、そこからもう一歩、踏み込んで、過去に対する執着と未来に対する不安から自らを解放していく事。その時に「今現在に生きる幸せに気がつく」という風に解釈していただければ分かりやすいと思います。そして、その時の幸福感というのは、おそらく究極的な快に裏付けられ学習効率も非常に高くて、適切な判断もできて、人間関係の不調和をきたさない状態に近くなるのです。一期一会という言葉がありますが、その本質というのは相手に対する礼や大自然に対する尊重、言い換えれば感謝と言っていいでしょう。それはその時、深い心の底から湧き出てくるようなものだと思います。

## 7　相手に反応させないための意識と行動

結局、自分の中にある様々な衝動、もしかしたら、発達障害のような要素。それが自分の心の中にある不安なんです。不安が自分の中に暴力衝動や破壊衝動・その他の非合理な潜在意識を生み出し、自らの自己重要感を下げているのです。それによって、人間関係が巧くいかなくなったり、適切な判断ができなくなったりという状況を招いているのです。

しかし、そのような場合でも意識の中であらゆる場面を想定することができてさえいれば、場数を踏まなくても、一つのいい体験をベースにそれを分化できるのが大脳の特徴です。そして、ヤバい人、予測不可能な人には、予測不可能であることを前提に受け入れる感情が自分にあると認知する。どんな相手でも尊重する感情を持っているとすれば、それが相手に暴力的な反応などネガティブな反応を起こさせない。こちらの方に反応させる要素を作らなかったら、相手は反応しないのです。

西村社長のお話の中にも相手に対するいろいろな感情を捨て切って向き合うから、何事もなくおさまったというエピソードがありました。そこが相手に反応させない自身の意識の持ち様。ちょっとした心の動きは自分には自覚がなくても、表情や身体の動きに表れるのです。

怒られやすい人とか叱られやすい人、叱られても許してもらいやすい人もいます。そういう人はその人の無意識な表情や動きが作りだしているのです。もちろん、相互関係なので相手の反応から影響されることも多々あります。いずれにしても、自分の思う何らかのことはかすかに心身に表れているのだということを認知しておくことが、動きながらのマインドフルネスにつながってくるのです。

人間は過去からの癖を現在にも引きずっています。だから、それをできるだけ削り取っていく。製鉄の技術のごとく鉄の純度を上げるように、意識の奥底にある不純物を取り除いていく。それをしていくと、意識の中から光るものが出てきます。鍛錬とか稽古というのはそういうものだと思います。そういう意味で通常のトレーニングとはちょっと、意味が違うんです。

そうした過去のことを削り取っていくことで、未来に対する不安も最小限にしていくものだと思うのです。誰もが持っている本来の力、それを阻害するのが不安なわけですから、それをうまく除去していくのです。

先日、発達障害の子どもたちのスピード学習というのを目の当たりにしたのですが、彼らの場合はある意味、未来に対する欲、不安がない状態なんですね。あれだけ驚くべきスピードでカードを覚えていくというのは、まさに人間にいろいろな可能性があるという実例ではないでしょうか。

過去に執着し、未来に不安があるのは社会適応力の一つかもしれませんが、それを最低必要限にとどめておいて、不必要なところから削っていく。子どものうちからその基礎を学ばせ、ある年齢から不必要なものを削っていく。それによって、本来の自分の有する力を引き出せるようにする。そういうことが護身を想定したマインドフルネスの一番の目的と思っています。つまり、護身が単に身を守る術のみならず、本来の自分の力を引き出すためのものにもなっていくものだと…。本来はそれを武士道と呼んだのでしょうね。

西村社長の場合は覚悟を持って生きてきたので、それが可能だったと思います。でも、覚悟を持って生きるという事は、そんなに高いハードルとして考えるのではなく、未来への不安を抱いて悩むより、今現在に生きて幸せを感じている方がいいんじゃないかと思います。

## 8 護身でマインドフルネスを

身体と心は密接に結びついています。例えば、我々という人間は、過去はもう終わった事なのに、それをイメージするだけで同じような生理現象が起きる。それがもし、その人にとって辛い経験であったとしたら、同様の事態が起きた時、臨場感を持って不安が起こります。よく言う、フラッシュバックです。

すでに終わったことであるにもかかわらず、すごくリアルに感じてしまい、未来への不安も同時に感じてしまう。それが脳内の伝達物質や自律神経の働き、イメージによっては筋肉の付き方、それらに強い影響を与えることを考えれば、心、つまり認知と身体が全く別の物ではないことがよく分かることでしょう。ですから、その思い方一つで自律神経の乱れで心身をこわしたり、健康を損なってしまうことを思えば、身体と心はまさに表裏一体だということが分かってきます。

心身にとって一番楽な自然な状態がマインドフルネス。武道で言うところの自然体なのです。最も快な状態が本来の自然体なのだと解釈すれば、「粋」という言葉や「武士道の死に対する概念」など、様々なことがらから日本の文化の中でいかに重要視されている事かが、分かっていただけることでしょう。

日本人は遊ぶことも含めて、マインドフルネスを追求してきた民族かもしれません。だからこそ、今の一瞬一瞬、一期一会を大事にして、感謝の心を大切にしてきたのでしょう。それと一見、反比例するように思われる護身をテーマに考えてみると、むしろ、そこがよく見えてくるのではないでしょうか。そう考えてみると、護身を想定して武道を学ぶことの意味やこれからの国際社会の中でリーダーシップをとれる人間になるために武道を学ぶことの意味、優しくて厳しい父親や良き家庭人であることの意味など、護身を通して得る心身は時代によって変わらない文化の骨格がここにあると気が付くと思います。

もちろん、父親や母親の役割は昔とは違うかもしれません。だから護身も、刀があった時代とそうではない時代と、枝葉の部分は変化しなければ対応できません。しかしながら、その中の骨格は変化していない。

世の中は無常だと言うけれど、無常という原則は変わっていない、という意味では不変であると言えます。目には見えにくい、内面に対するアプローチというのは今現代だからこそ、特に大切なものと思うのです。時代、国境、主義、心情を超えてとても大切なものではなかろうかと。

禅道会は現在、世界三十カ国に広がっています。その中でこうした文化を日本、そして世界の若者が学んでいくことは非常に大きな意味があるのではないかと思います。世界中の人々が、礼の精神を持って尊重し合えるような世の中になったら、なんと素晴らしいことでしょう。

## 9 洞察能力が身を守る

人にはそれぞれの人生があります。護身というものは、時代や状況によって大きく変わるものと変わらないものがあります。その部分を人の個々の人生に置き換えてみると、これもまた、それぞれの違いがあるものです。でも、内容的な違いはあっても、根本的な部分に大きな差異はありません。そのようにとらえていくと、問題に直面した時の対処・解決策は護身の中から見えてくるものがあるのです。

西村社長のお話でも、実戦における心理戦・心理的要因は大きなウエイトを占めていました。この部分に注目してみると、本当にシンプルなことが分かってきます。例えば、試合に出場する選手が抱く緊張やプレッシャーもそうです。護身では、それはさらに色濃くなるのですが、いかに予期不安から自分を解放するかが重要です。まだ起きていない未来を予想して、どうして「現実の今」ではなく、気持ちが未来の不安に傾いてしまうのか。護身はそこから考えなければなりません。

西村社長のお話にもありましたが、つかまるかもしれない、やられるかもしれないという先を予期する不安。その不安感が危機的直面に遭遇した時の判断を誤ったり、対応を誤ったりする訳です。ですから、護身でとらえておく本質はそこにあると、改めて思いました。西村社長ご自身は生まれ持って、胆力のある方でさまざまな経験の中で対処されてきました。武道・護身術には練習・稽古の体系がありますが、その練習・稽古をもって、予期不安を払拭し、ひいては人生の幸福感をも抱けるようなアプローチがあると思っています。

西村社長の言に「相手を観ていく」という話がありました。こうした能力は誰もが簡単に持てるものではないかもしれません。問題に遭遇した場合、気持ちが混乱するのは誰もが経験していると思います。

洞察能力を持つことは武道においても大切ですし、現代のビジネス社会を生きるうえでも重要なポイントです。では、どうしてそうした能力を誰もが持てないかというと、予期不安などの意識の拡散が原因なんです。

簡単に言うと、問題を見る時の意識のピントがずれていて、現在に焦点が合っていない。当然、ピントがぼけた写真を見たら、良く分からない。人間は過去のさまざまな経験をベースに生きているので、もともと、未来に対して不安を持つものなのです。特に複雑多様化する現代社会では、不安感を抱きやすい環境下にあります。精神的な疾患を持つ人が増えているのも当たり前だと思います。

そのあたりを考えてみると、意識のピントが外れる原因が見えてきます。西村社長の洞察能力の高さはお話を聞いていても分かるのですが、それを鈍らせるのが予期不安になるわけです。西村社長は腹の据わった方です。でも、普通の社会に生きている人は必ずしもそうはいきません。そこを考えた時に、じゃあ、どうすれば予期不安を解消し逃れることができるのか。それを体系に基づいた方法で全ての方々が時間を短縮しながら、「いかに洞察能力を磨き、柔軟な思考・行動と強い心身を獲得することができるのか」というのがこの本の目的でもあるのです。

西村社長のお話で、空手の佐竹選手と柔道の吉田選手の試合に触れられていましたが、立ち技だけの選手にしてみれば、「組まれたら、どうしよう」という予期不安はとても強かったと思います。一方の吉田選手にしてみれば「組めば、こっちのものだ」という気持ちがあったでしょう。こうした心理の違いは試合にも表れやすいのです。そして、護身の場合はもっと突発的な事態になるので、その要素は瞬間的にさらに強く出てくる訳です。襲撃された側には、大きなストレスがかかると考えていただければ、分かりやすいでしょう。この現代社会の中で護身をとらえれば、それは一種のストレスの対処法でもあります。日常で起きる問題にどう向き合うかというところにもつながってくる訳です。

そのエッセンスをどのように身につけていくのかを分解していけば、ある程度までのことはどんな人でも体得できるというのが禅道会の考え方です。格闘競技と護身の違いとは何かと言うと、格闘競技は何日のいつと日時が決まっていて「よーい、どん！」で始まる競技なんです。当然、そこにはルールがあり、レフリーや審判がいます。試合に臨む選手にとっては、それでも緊張があるわけですが、その枠内で戦う条件がある限り、「考えられる」という余裕があります。ところが、護身の場合は突然に始まるので、考えるというより、むしろ感覚的に感じることが重要になってきます。相手の態度や動きでどんなことになるかを感じ取らなければいけません。競技のように前もって、「対戦相手はこういうタイプだから、こういう作戦で行こう」という準備ができないのです。

ではどうするかと言うと、西村社長が話されていた「無構え」。構えてしまったら、相手に悟られてしまうので護身にはなりません。攻撃しようとしてくる相手が打撃技でくるか、組んでくるのかを一瞬に見抜いて、制圧しなければならないのです。他にもどういう背景があるのか、武器を持っているのかというところも読めれば、対処のしようもある訳です。

第3部

# 対談

西村政志×小沢 隆

# 実戦で本当に必要なもの

## 1　実戦は〝無構え〟

**小沢**　元々私は西村社長の武勇伝というか、その存在を聞いておりました。まだ私が禅道会を立ち上げる前の事です。そんなスゴイ場数を踏んだ方がいらっしゃるんだと。それで、ウチの大畑という横浜支部長が警備の登録社員として使っていただいてました。大畑君を介してお会いしたというのが始まりです。

**西村**　大畑さんが登録社員としてウチにしばらく在籍していたんで。彼は自衛隊のレンジャー上がりで、身辺警護

という仕事に興味を持っていて、訓練もよく参加してくれていました。自衛隊のレンジャーとはちょっと違うやり方だったんで、そこで私の手裏剣も少し教えてあげたんですけどね。

**小沢**　ウチの試合もよく見ていただいて。

**西村**　禅道会の武道はいいですね。空手は「顔面が駄目」「投げが駄目」とか、実戦から離れたルールを採用している。「これがなければ実戦は駄目なのになあ」というもの、それがすべて含まれている武道だと思います。

　私は小学校の時から柔道を始めて、そのうち空手を始めて、19の時からキック・ボクシングを始めました。草創期のキック・ボクシングは投げあり、頭突きあり、ほとんどノールールに近いような格闘技でした。ただ、違うのは、グローブをはめて、道着がない。私は柔道が長かったんで、つかめないのが不利に感じました。でも実戦はそれどころじゃない。

警備の仕事についた当初はキックボクシングのリングに上がりながらやっていたんですけど、それまでは柔道にせよ空手にせよキックにせよ、それぞれのルールの中でやっていた。でも、警備での実戦は相手がどこから来るかわからない、何人くるかわからない、何を持ってくるかわからない、そういうところに怖さを感じました。リングとは戦い方とか間合いとかが全然違うなという事を感じました。

人間って、怖いものにぶつかると、嫌なんだけど、なんとかそれを乗り越えようと必死になるんですね。本能的なものだと思うんですけど。私は臆病な方だから、ドス持って来たらどうしよう、大勢で来たらどうしよう、と常に考えるようになってくるんです。

打撃、組み技、グラウンド、とやってきていて、そのうち警棒と手裏剣が手持ちとして加わった。警棒と手裏剣を実際に使う事はほとんどありません。グラウンドの技術を使う事もほとんどない。ほとんどが打撃と組み技で決着がつきます。でも、それらがある事によって心にゆとりができるんです。その効果は大きいと思います。

**小沢**　私が子供の頃にやった喧嘩では、必ず取っ組み合いになる。ヘッドロックで投げ飛ばしておいて、反対の手で殴って、ひるんだ所を立ちあがってストンピングで踏みつける、っていうのを必勝パターンにしていたんです。そんな原体験があったんで、空手をやっていても元々の志向が総合格闘技的だったと思うんです。

それと、私はディヤーナ学園という自立支援の学校を運営しているんですけれども、たまに覚せい剤でイカれた子供が暴れたりとか、そういう事が起こるんです。それに対しては、どう怪我をさせないように取り押さえるのかっていう事が職務上のテクニックとして必要となってきたんです。

もう一つには、子どもたちに海外施設に行ってもらってたんで、それが警察官も空港の職員も信用できないような物騒な国だったんで、たまに災難に巻き込まれる事があった。そういう事から、自分の実戦観、格闘技観というものが固まってきました。西村社長が仰るように「組んでも大丈夫」「寝ても大丈夫」っていう気持ちがないと、打撃も使いにくいんです。実際に使えない。

あとは護身の領域と格闘技というものをその性質の違い、色分けをしっかり分けて考える事で、格闘技の技の中でも本当に護身に使えるものが使いやすくなる、という事が言えると思っています。そういう事を考えている中で、西村社長の話を伺って、その方向性は違うものの、随分共通項があるなと思います。

そして、なんといってもやはり格闘という原体験がないと「護身」という事を考えても、厳しいなと感じます。

私は「護身」のベースとして、格闘技分野の経験や技術も必要なものだと思っています。私らは、総合格闘技が出てくる以前からそういう事をやっていましたけど、それは実戦、護身という観点からやっていたんです。

西村社長は、実戦での危険察知には何が大切だとお考えですか？

**西村**　相手の気を読む事ですね。「剣の太刀筋」ってありますけど、「気の太刀筋」です。相手が何をしようとしているのか、その気を読む事が大事です。

武道や格闘技をやってきた人でも、実戦では、いつ、どう始まるかわからないって言うんですよ。試合のように「始め！」ではないですからね。

構えちゃ駄目なんです。目でも心でも体でも、構えちゃいけない。「無構え」からいきなり決めてしまう。実戦とはそういうものだと思います。

**小沢**　そうですね。発達障害の子とかって、こちらが相手に否定的な感情を持つと暴れるんですよ。かすかなこちらの思いを感じ取ってしまうんです。通常の人でもそうだと思うんですけど、相手が怒りを示した時に怒りで対抗すると、お互いに力を出してしまう。そうさせない事が大事ですね。こちらは相手の心境に振り回されずに「無価値」になって受け止める。そうする時が、相手に対する観察眼も高まっている時なんだと思っています。

いざという時に、禅のような、五感が高まったような状態でその状況をとらえていくっていう事が大事だと思っています。「状況判断」ですね。それが大事だと思います。

格闘技はもちろん構えた状態から始めるんですけど、最初から目まぐるしく間合いの奪い合いから始めるんで、当てるのも大変なんです。でも「護身」の場合はそれがない。相手が自分の間合いに入ってくれる。打撃を当てやすい要素が揃ってるんですね。そういう事を心得ておく事も実戦に際しては大事だと思います。

あと、自分の経験ベースに振り回されすぎてしまうと、観察眼も薄れてしまいますし、状況に応じた臨機応変の対応ができなくなってしまうと思うんです。相手の動きとか感情とかに左右されないように、状況を観る、という事が大事だと思います。

# 2 実戦で使える技術・必要な技術

**小沢**　生徒にビール瓶を割ってそれを振り回して暴れる、なんていうのがいたんです。そういう時に、バックに回って片羽締めで落とすだとか、そういう総合格闘技の技術がけっこう役に立つ事がありました。柔道でもブラジリアン柔術でもレスリングでも、バックをとる技術がありますけど、それらは元々「護身」に有効だという所から始まっていると思うんです。

あと、これは大事なことですけど、刃物を持った相手に対しては、素手で何とかしようと思わない方がいいと思いますね。その辺にあるもの何でもぶつけて、っていう方が早いと思います。

**西村**　私はある時、ナイフを持った相手の手をとって、逆に極めた。そうしたら途端に相手が泣き出してしまったんですね。私は20代の頃は倒してしまっていましたけど、30代後半から、極め技で制圧するようになった。極め技は実戦において非常に有効ですね。

**小沢**　そうですね。ただ、相手が本当にイッてしまっている時と言うのは大変ですね。ある時覚せい剤をやって暴れる生徒がいて、それが運動不足なはずなんだけど、意外な力とスタミナを発揮する。職員がバックマウントをとって、その状態のまま3時間くらいゴロゴロやって、ようやく精根尽きて収まった、という事がありましたけど、本当にイッてしまっている相手は気を付けなければならない。本当にイッってしまっていると金的も効かなかったりするんですよ。

**西村**　ああ、効かないですね。

**小沢**　そうですよね。私、高校の時の喧嘩で20回くらい相手の金的を拳で打ったんですけど、効かなかったんですよ。本当にイッってしまっていると、指の一本くらい折っても相手は「痛い」なんていう反応示しませんし。そうすると、やっぱり戦闘不能にするには締めちゃうか、顔殴るしかないなって。まあ、状況によりますけど。キレる前でしたら問題ないと思うんですけど。そこにはこちら側の心境も大きな要素だなと思います。こちらが怒りをもって相手を「ぶっ倒してやる！」っていう風だと相手もキレてくる。平たく言えば、武道で言う「礼の精神」をもって相手に対する方がより制しやすいんだと思います。

**西村**　実戦で寝技はナンセンス、なんていう意見もあるみたいですけど、寝技は必要ですよね。ある時朝霞で体の大きなヤクザとやり合った時なんですけど、最初に私の方が顔面を殴られたんです。痛かったけど痛いからこそ安心した。本当に効く打撃は痛い以前にクラッときますから。咄嗟にガードして、ボディーブローからテンプルに入れた。相手がタックルのように組んできたから、柔道の隅返しみたいな感じで後ろに投げながら相手の首をとった。そのまま締めてしまえば落ちたんだけど、そこまでせずとも収まった。相手は打撃でも組み技でも寝技でもかなわない、という事を悟ったんで収まったんです。ヤクザって馬鹿じゃないんで、自分より強いものに対しては意外にすぐにおとなしく従うんです。

だから、グラウンドも、使う事はめったになくても、いざという時には必要。こういう方向性は禅道会の武道とも共通してますよね。そしてそれは、相手が武器を持っているケースにも使えると思うんですよ。

**小沢**　寝技は確かに対多人数のケースには不向きではあるんですよ。でも、ケース・バイ・ケースなので。そのケース・バイ・ケースの中で、いろいろな引き出しを持っている事が大事だと思うんですね。寝たら絶対駄目って言ってたら護身にならないし。実は打撃も「組んでも大丈夫」「寝ても大丈夫」っていう気持ちがないと使えないものなんですよ。

何が一番護身に有効か?、と言ったら、やはり総合格闘技という事になるのかもしれないけど、それはあくまでベースとしてですね。それを実際にどう活かしていくかという所では各人工夫が必要だと思うんですけど、そのベースの技術としては総合格闘技は有効だと思います。

**西村**　でも、私は総合格闘技より禅道会の武道の方がいいと思ってます。というのは、禅道会は道着を着てやるでしょう。道着を着て行う総合格闘技は少ないけど、実戦を考えるとこれは大事な技術だと思います。相手の服を掴んで、引き寄せながら入れる打撃なんていうのも、実戦では

# 着衣を利用した崩し・極め

胸ぐらを掴んできたところ、相手の左袖を左手で掴んで捕捉しつつ右掌打（写真2）。左袖を掴んだまま右腕で相手の体勢を落とし（写真4）、相手右から首もとに手を通し左襟をとって「片羽締め」に極める（写真6）。〝実戦〟では着衣状態。これを利用するのは非常に有効な手段になる。

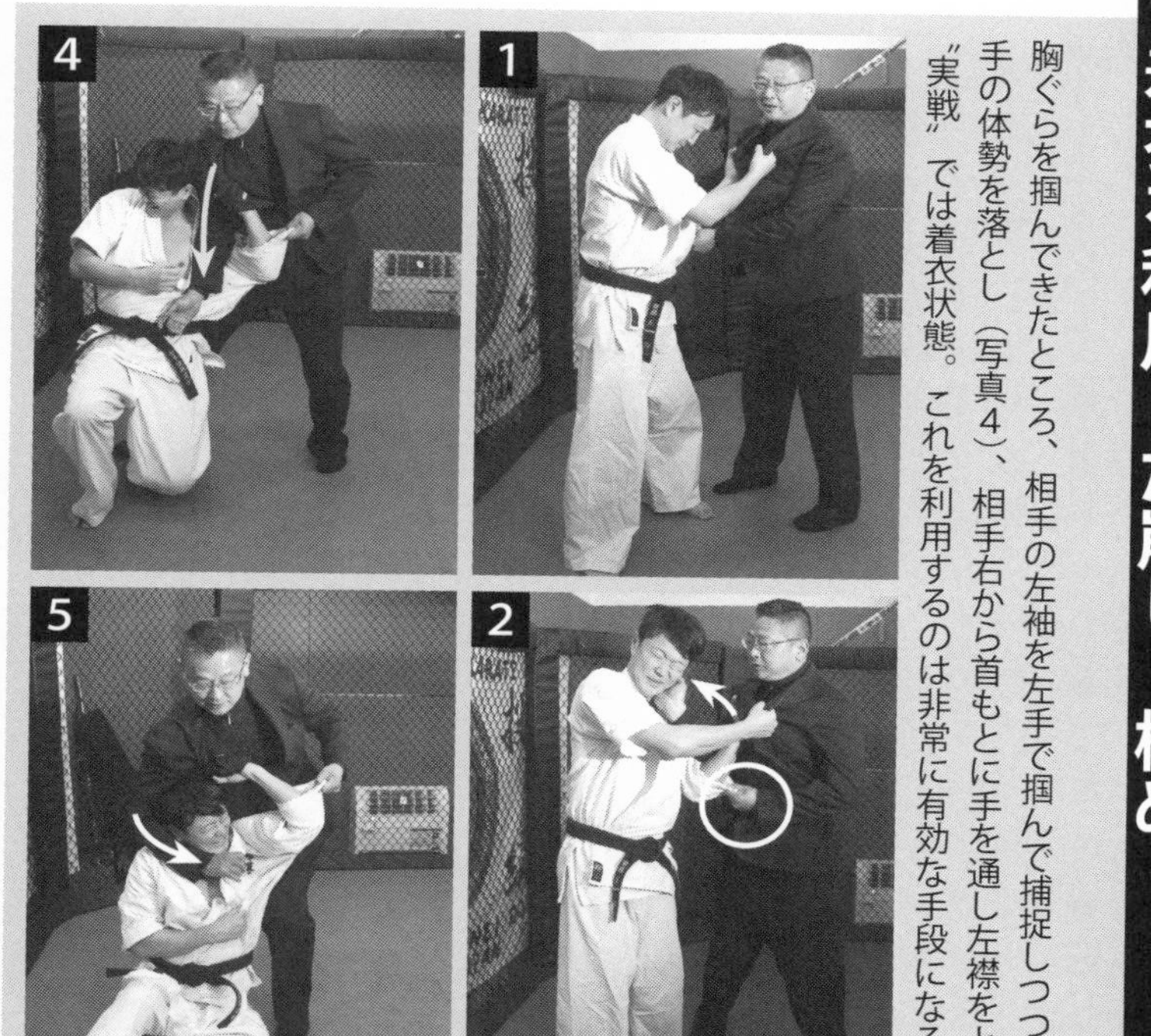

有効になってくる技術ですから。

**小沢**　道着を着て行うというのは、普段が着衣であるから、というのはもちろん一番上にあるんですけど、道着を着ていた方が体重差をカバーしやすいというのがあるんです。触る所がたくさんあるので細かい技術がたくさん使えるんです。細かい技術が使えるので、子どもの教育的に言えば「知恵が使える」。

ちょっと脳科学の話になってしまうんですけれども、今の教育に欠けているのは「危機感」だと思うんです。「危機感」があると、偏桃体が働いてホルモンを出すんです。太古の時代、まずは人間にとって「自然」は恵みであると同時に脅威でもあるので、「自然」というものをよく観察する、という事が生き残るために大事な事だったと思うんですね。それが今は「危機感を感じさせない」っていう教育をしてしまっているので、物事をよく観察するっていう能力が下がってしまっていると思うんです。

子供の頃から、遊びって「危機感」を感じるものばかりだったんです。木に登るとか。そこで身を守るためによく観察していた。結果として「集中」するので、マインドフルネスみたいな状態になっていた。それって人の「幸福感」というものにも結び付くと思うんです。「危機感」があって、それに備えて、今のこの瞬間を大切にする。それが今は欠けているんじゃないかと思います。人間関係においても、相手をよく観察して、仲良くなる方法を探っていく。その原点にあるのは「危機感」なんじゃないかと思います。

子供がいろいろなものを口に入れたりしますよね。それって、基礎免疫力を作る上で大事な事なんです。でも清潔好きの親が全部やめさせてしまう。嫌な事を全部遠ざけてしまうと、当然それを回避する能力も下がってしまうんです。免疫力もなくなるし、アレルギーも増えてしまう。

## 3 "先手必勝"か？ "後の先"か？

**小沢**　2000戦無敗というのはスゴいですね。

**西村**　20代の時にフリーランスだった時期があって、その時毎日実戦があって、それが3年間くらいだったら1000回くらい。でもそれからは喧嘩みたいなものに限らず、さまざまな形でトラブルに対処するようになった。要するに倒さずに制圧する類のものも増えてきた。そういうのも含めると、2000回くらいかな、という話に当時付き合いのあった編集者となったんです。20代から30代にかけては本当にいろんな揉め事があったんで。それで「2000戦無敗」という事にされてしまったんだけど、まあ、それでいいかと（笑）。

**小沢**　西村社長は、ご自分から動いて機先を制して決めたケースと、相手が先に動いて返し技で決めたケースと、どちらが多いですか？

**西村**　まず観察するんですよね。例えば相手が複数の場合、だいたい一番か二番目に強いヤツが前に出てくる。そいつの体型とか雰囲気とかをよく観察する。それで、そいつを倒すと、全体が引くんですよね。これはやっぱり「後の先」でしょうね。

**小沢**　私も「後の先」だと思うんです。結果として「後の先」にしてしまう、という感じかもしれません。例えば格闘技でもフェイントをかけますよね。その段階では何の技をやるかは決めてないんです。相手はそれに対して反応するので、それに対して的確な技をかける、という事なんです。

**西村**　小沢先生もいろいろ研究されているから、やっぱりわかってますよね。

ある時私が経験したのは、相手がどうも自信にあふれていて、私としても「これは強そうだ。ヤバいな」と感じた。ある意味私はビビッたんです。そうしたら相手はこちらがビビッたのを感じ取って、ナメてかかってきたんですよね。隙ができたんです。そこへすかさず私は顎を撃ち抜いた。

**小沢**　「ヤバいな」と感じたら、頭の中が真っ白になったり、体が固まったりしてしまう人は多いと思います。でも西村社長は「みえている」し、行動もできている。どうすればそうできますか？

**西村**　「固まってしまう」というのが、実戦では一番ダメな事なんですね。いざという時、戦うか、逃げるか、捌くか、この3行動しかないんです。だからその3つのうちどれかを速やかに行動に移す事を心がけるといい。

## 4　小さな動き、大きな威力

**小沢**　現代行われている武道、格闘技は「実戦観」の部分が欠落しているところがありませんか？

**西村**　でも、どんな事でも同じ事を一万回も繰り返し稽古したら、その動きは無意識に出るようになるんです。それは価値ある事だと思います。武道の稽古ってそういうものですよね。

私は自分自身の強さとして、まだまだ5合目くらいだと思ってますから。やっぱり死ぬまで稽古ですよね。

咄嗟の時に動けるためには、どんな稽古が必要と考えられてますか？

**小沢**　まずウェイト・トレーニングとか、体が一方向にのみ働くような体作りはしない方がいいと思います。人間の体というもの常に微細なバランスをとっているものなので、どちらの方向か

# 超近接戦の切り札 〝寸勁〟

わずかなストロークで大きな威力を生み出す〝寸勁〟は実戦で非常に有効。わずかな体動での肩当ては、相手を吹っ飛ばすほどの威力。相手は警戒する間もなく、虚をつかれる。

ら力が加わっても大丈夫なような体作りをすべきだと思います。その一つとして、禅道会としては「呼吸法」が大事だと考えているんです。その呼吸法の副産物として、現在に集中しやすい精神状態になるんです。心身一如なので、心と体を別個に考えずに、一緒に鍛えていくというのが、とても大事な要素だと思っています。

西村社長と私の共通する技術に「無構えからの突き」があるんですけど、きちんと形を作れない中で威力を生むポイントは何ですか？

**西村**　ほんのちょっとした体移動を活かす事ですね。大きく重心移動させるのでなしに。

**小沢**　格闘技のパンチというのは、ウェイトをシフトさせる事が重要視されてるんですけれども、護身用の技術としては体が移動する事の方が重要視されてるんですね。ほんのちょっとした体の移動を活かすんです。そうしないとバレてしまうというのがある。

**西村**　寸勁は使えますよ。寸勁は実戦的な技法です。そして怖いものですよね。

**小沢**　そうですね。やっぱり虚をつきますし、確実に当たるんで。

**西村**　ほんのちょっとした体移動と回転でやる。それだけで相手を吹っ飛ばした事もあります。下手なパンチ撃つよりいいです。相手は不意打ち食らうから、ひっくり返っちゃうんですよ。足払いくったようになるんです。

# 超近接戦の切り札 〝寸勁〟

わずかなストロークでブロックを割るほどの威力を生み出す。全身がまとまっていないとかなわない。

**小沢**　木村政彦の大外刈りも寸勁だと思いますよ。やっぱり、突き詰めようとする先は似たところに行きつくんだと思います。

# 後書き

読者の皆様におかれましては　最後まで本書をお読みくださりありがとうございます。

本書のテーマは〝実戦観〟です。ややもすると、現代において武道が失ってしまっている、と思われているかもしれない所のものです。

だから、類稀なる〝実戦経験〟を経て生きてこられた西村社長との共著という形をとりました。自分が打ち込んできた武道を西村社長の〝実戦観〟にぶつける事によって、武道が何をなし得るのか、失ってはならない〝実戦観〟とは何なのかを明らかにしようという試みです。そしてそれは大成功をおさめたと思っています。

しかし、喧嘩２０００戦無敗という極めて破天荒なキャッチフレーズに反して（?）、西村社長はなんと幸せそうなオーラを纏っているのかと思い、改めて幸せの定義について思い入りました。

私は幼い頃より生きる事、死ぬ事とは何なんだろう?…と考えれば考えるほど、生きて行く事をとても辛く感じるような少年でした。どんな生き方をしても人は最後は必ず死ぬ!…結果はわかっているのに、生きる事に何の意味があるのだろう?…どんなに人を愛おしいと思っても最後は別れが来る!…生者必滅会者定離!

命に対して、ある意味これが、人に、生きとし生けるものに一番平等に与えられているのだと感じたある時に、それまで人に会ったりするのも、何かに向かって努力するのも死ぬほど嫌だった私が、何故か「武道」を始めようと思いたったのです。

今思えば　生きて死ぬまでのたぶん?一瞬、何をよすがに生きれば良いのか?　言い換えれば、人の普遍的な幸福とはなんぞやという事が私の武道人生のテーマだったという気がしています。そして、それは今も続いています。

現代社会に住む私たちは、低額所得者でも、物理的に見れば今からたった数百年前の江戸時代の殿様よりも良い生活を送っているかと思います。お湯は沸かさなくても手に入る!…歩かなくても車や電車、バスもある!…まず、空腹を満たすくらいは誰でも欲すれば叶う！…昔の人から見ればまさに天国！　有史始まって以来の時代に生きる私たちは普通に考えれば幸せを手に入れたはずです。

でも、人は幸せになったのでしょうか？　自殺者が三万人、家庭内の殺人事件はなんと殺人事件全体の半分にも上るそうです。鬱病や発達障害は近年急増し、意味不明な犯罪が増え、金銭でしか価値基準がはかれず、未来に希望が持てない人のなんと多いことか。

私は西村社長の笑顔やたたずまいから、〝幸福感〟や、人はいかに生きるか、という所まで明らかにすべく目標を定めました。考えてみれば武道も護身も、すべて根底にはそれがあるものです。

西村社長の目指す方向性と自分の武道とは、結果として共通性の多いものでした。現実性を重んじる私の護身観や技術に至るまで非常に類似点が多いことにも驚かされたと同時に、実戦２０００戦無敗の目から見て我が禅道会空手道の武道としてのあり方や護身性に、最大級のお褒めの言葉と理解を示して頂いた事を、大変光栄に感じました。

本書を最後までお読み頂いた読者の皆様方には、生きるという事はなんぞや？幸福とは何か？はたまた命とはなんぞや？という事を考えるきっかけと、さまざまな危機、ストレス社会を生きる方々のストレス軽減になれば幸いです。

本書の出版におきましてはＢＡＢジャパン、担当の原田氏、大塚氏、小磯先生、関係各位と皆様方のお力添えがあったからこそと、この場を借りて厚く御礼を申し上げつつ、後書きのご挨拶とさせて頂きます。

２０２１年３月

空手道禅道会　首席師範　小沢　隆

**西村政志**（にしむら　まさし）

1948年生まれ。愛媛県松山市出身。学生時代、柔道や伝統空手を学ぶ。

19歳で上京し、綜合警備保障（現ALSOK）に入社。勤務の傍ら目黒ジム（現藤本ジム）でキックボクシングを学びプロ選手としてバンタム級日本３位に。

綜合警備保障を退社後、フリーを経て31歳の時、興和警備保障株式会社の設立スタッフとなる。

1992年より同社四代目社長に就任。

**小沢隆**（おざわ　たかし）

1963年生まれ。1999年に空手道禅道会を発足。日本最大の総合格闘技団体に拡大させ、幾多の名選手を育て上げる。
引きこもり、家庭内暴力児などの自立支援施設「ディヤーナ国際学園」を開設し、武道と心理カウンセリングを融合させた教育スタイルは内外から高い評価を受けている。
著書『バーリトゥードKARATE』『武道の心理学入門』(BABジャパン)
『ヨガ×武道　究極のメンタルをつくる！』（辻良史共著）(BABジャパン)

装幀：谷中英之
本文デザイン：中島啓子

# 実戦と武道 いつかやってくる“いざという時”の世界

2021年4月10日　初版第1刷発行

著　　者　　西村 政志・小沢 隆
発 行 者　　東口 敏郎
発 行 所　　株式会社ＢＡＢジャパン
〒151-0073 東京都渋谷区笹塚 1-30-11 ４・５F
TEL　03-3469-0135　　　FAX　03-3469-0162
URL　http://www.bab.co.jp/
E-mail　shop@bab.co.jp
郵便振替 00140-7-116767
印刷・製本　　中央精版印刷株式会社

ISBN978-4-8142-0383-3　C2075

BOOK Collection

# 武道教育の実践

## 武道による青少年育成の現場からの提言

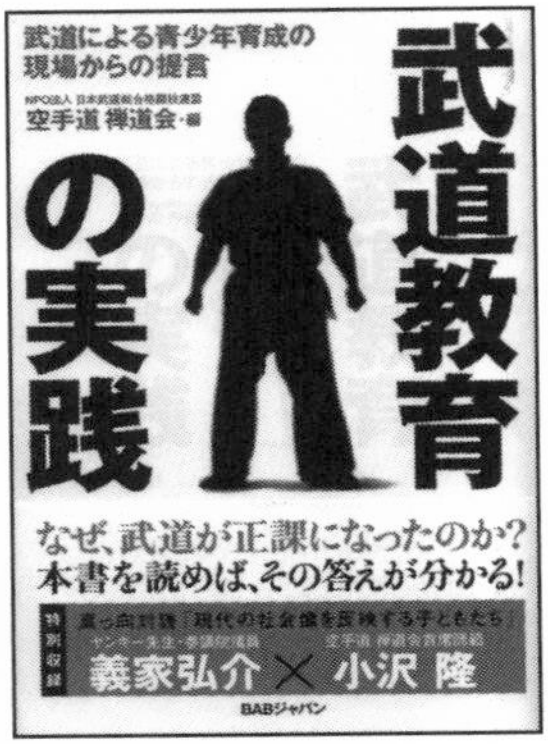


なぜ、武道が正課になったのか？　本書を読めば、その答えが分かる！　現代社会における武道教育の役割とは？　武道・教育双方の分野から達人12名が執筆（小沢 隆、柳川昌弘、荒井裕司、佐山サトル、原 良郎、窪井正彦、此下竜矢、平 直行、大島貢徳、川岸克己、金子真理、石原美和子）。青少年健全育成・更生の最前線からの提言集。【特別対談】真っ向対談「現代の社会像を反映する子どもたち」ヤンキー先生・参議院議員 義家弘介×空手道禅道会首席師範 小沢 隆

●NPO法人日本武道総合格闘技連盟空手道禅道会 著
●四六判　●251頁　●本体1,600円＋税

---

## 対自分・対他者　心のトレーニング

# ヨガ×武道

## 究極のメンタルをつくる！

ヨガと武道が、最高のマインドフルネスを実現する！　自己と向き合い、他者と向き合う。ヨガと武道でメンタルは完成する！　メンタル・トレーニングの世界に一石を投じる、新たなココロの変革書！　武道人へのヨガのススメ。ヨガ人への武道のススメ。心を真に強くする、絶妙なる組合わせ！　武道もヨガも、単なるフィジカル・トレーニングにあらず！　古来から、強烈なメンタル・トレーニングとしての側面をもっていた両者が出会う時、何をやってもうまくいかなかった「心の強化」がついに実現する！

●小沢隆、辻良史 著　●四六判　●180頁
●本体1,400円＋税

## BOOK Collection

本当に通用する"柔らかさ"とは?

### 柔らかい空手

水のごとき"柔らかさ"! 水風船のごとき全身連動!! すべての格闘技、武術が欲しがった"究極"! 最高速と最大威力を同時に実現する新たな"柔らかさ"の境地!! 柔らかい"受け"! 柔らかい"攻め"! 誰もが求めていた。そして、なかなか届かなかった空手がここにある。体内の凝縮回転力を使う画期的身体操法! 小さくとも鋭く、威力を生む新たな空手・格闘メソッド!! 藤岡弘、(俳優・武道家)推薦!

●富樫宜弘 著 ●A5判 ●160頁 ●本体1,600円+税

### 空手の命 ～「形」で使う「組手」で学ぶ～

「オリンピック種目決定の今こそ知る、武道の原点!」だからKARATE は世界に! 沖縄古伝の術理で全てがわかる。「四十年以上空手に触れてきても、空手はますます魅力的で日々新たなことを教えてくれる」ー作家にして空手家 今野敏氏 登場&推薦! スポーツとして益々人気が高まっている空手は本来、沖縄発祥の武術、伝統的な身体文化である。本書では、さらに中国武術までルーツを辿り、空手の"深奥"に踏み込む!

●「月刊秘伝」編集部 著 ●A5判 ●184頁 ●本体1,600円+税

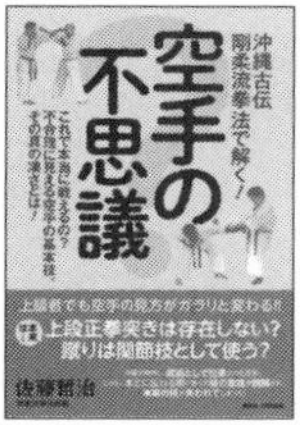


沖縄古伝 剛柔流拳法で解く!

### 空手の不思議

「これで本当に戦えるの? 不合理に見える空手の基本技。その真の凄さとは!」 本来は…上段正拳突きは存在しない? 蹴りは関節技として使う? 沖縄で発祥し、武術として伝承された空手。しかし、本土に伝わる際に多くの技の意味が誤解され、本来の技が失われてしまった! 上級者でも空手の見方がガラリと変わる!! "目からウロコ"の真実!

●佐藤哲治 著 ●四六判 ●236頁 ●本体1,500円+税

身体心理学で武道を解明!

### 空手と禅 マインドフルネスが導く"全方位的意識"へ

武道の本質は格闘スポーツではなく、マインドフルネス的活動(「今ここ」の身体を追求すること)だった。呼吸を重視して徒手で単独形を行う空手は、特に禅的アプローチがしやすい。古の達人が到達した境地へ身体心理学から迫る!意識のエクササイズ、呼吸のエクササイズ、マインドフルネス瞑想、坐禅、空手禅(サンチン形エクササイズ)etc…。すぐに試せる実践方法も紹介! 禅僧・藤田一照氏との特別対談も収録!

●湯川進太郎 著 ●四六判 ●228頁 ●本体1,500円+税

秘めたパワーを出す、伝統の身体技法

### だから、空手は強い

東洋医学×解剖学――「理」を知り、使う! 「活殺自在」――人の身体に対する作用を「活」と「殺」の両面から見て、同時にそれらの具体的な技術を追求しなければならない。「空手はなぜ腰から突くのか?」――現代格闘技とは一線を画す、知られざる徒手伝統武術の理。知れば強くなる合理的身体技法の秘訣を、東洋医学的視点(経絡・経穴等)と解剖学的視点(骨格・筋肉等)から解き明かす!

●中山隆嗣 著 ●四六判 ●280頁 ●本体1,400円+税

## BOOK Collection

### “見えない”空手の使い方
「武道空手」の実戦技術

脱・スポーツ空手！　武術的身体操作に基づく様々なテクニックを写真解説！　古人が遺した武道としての空手には、「小よく大を制す」という深遠な術理が存在している。本書では、その武道空手の理となる三要素「正中線」「居着かぬ足捌き」「浮身と沈身」がテーマに基本技や型による具体例を豊富な写真で示しながら、誰もが修得できるように構成されています！

●柳川昌弘 著　●四六判　●224頁　●本体1,500円+税

今、使える！術技修得システム
### 宮城長順の沖縄空手に空手を学ぶ

これを知らずして、空手は語れない。第一級の奥義書＆資料！　沖縄を発祥とする徒手武術を整理体系化し、史上初めて空手流派（剛柔流）として確立した人物、宮城長順の実践理論を詳解。スポーツ化された現代の空手とは一線を画す、武道空手の原点を提示します。型から秘技を見つける方法、なぜ単独型があるのか、三戦の極意、知られざる空手の歴史…etc.　全ての空手家、必読の書です。

●玉野十四雄 著　●A5判　●208頁　●本体1,600円+税

天才空手家が遺した〝打たせず打つ〟術理
### 芦原英幸　サバキの真髄

あらゆる武道で使える、華麗な捌き。ケンカ十段による技法の完成形！　初期の極真空手で、実力、人気共に傑出していた芦原英幸（1944 ～ 1995）。最適な位置取りと崩し技で相手をコントロールする、独自の技法体系「サバキ」を確立した。今なお異彩を放つ、至高の理合いを学ぶ。芦原英幸が独自に研究した手裏剣、バトン（警棒）の技術も公開！　付録◎特別公開　芦原英幸の直筆ノート

●松宮康生 著　●A5判　●204頁　●本体1,800円+税

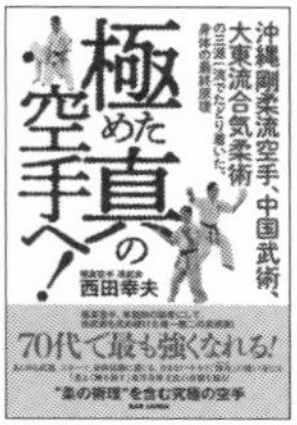


沖縄剛柔流空手、中国武術、大東流合気柔術の
三源一流でたどり着いた、身体の最終原理
### 極めた真の空手へ！

70代で最も強くなれる！“柔の術理”を含む究極の空手。あらゆる武道、スポーツ、身体活動に通じる、力まないチカラ「勁力」の使い方とは。「柔よく剛を制す」東洋身体文化の真髄を知る！　極真空手、草創期の猛者にして、他武術も究め続けた唯一無二の武術家、西田幸夫師範がオリンピック採用に沸く、「空手」の知られざる深奥を紹介!!

●西田幸夫 著　●四六判　●216頁　●本体1,500円+税

### 武術の“根理”
何をやってもうまくいく、とっておきの秘訣

「肘は下に向けるべし」すべての武術はこの原則に則っている！　剣術、空手、中国武術、すべて武術には共通する“根っこ”の法則があります。さまざまな武術に共通して存在する、身体操法上の“正解”を、わかりやすく解説。あらゆる武術から各種格闘技、スポーツ志向者まで、突き当たっていた壁を一気に壊す重大なヒント。これを知っていれば革命的に上達します。

●中野由哲 著　●四六判　●176頁　●本体1,400円+税